DOC' EN POCHE
PLACE AU DÉBAT

L'industrie française décroche-t-elle ?

Pierre-Noël Giraud

professeur à Mines ParisTech, membre de l'Académie des technologies, participe au laboratoire d'idées « La Fabrique de l'industrie », professeur associé à Paris-Dauphine, membre du conseil scientifique d'EDF et d'Orange, et du conseil d'administration d'Areva NC

et Thierry Weil

professeur à Mines ParisTech, membre de l'Académie des technologies, participe au laboratoire d'idées « La Fabrique de l'industrie »

La **documentation** Française

DOC EN POCHE
PLACE AU DÉBAT

Responsable de la collection
Isabelle Flahault

Direction du titre
Christine Fabre

Secrétariat de rédaction
Martine Paradis

Conception graphique
Sandra Lumbroso
Bernard Vaneville

Mise en page
Éliane Rakoto

Édition
Dagmar Rolf

Promotion
Stéphane Wolff

Remerciements
Les auteurs remercient Franck Lirzin, ainsi que l'équipe de La Fabrique, particulièrement Mmes Émilie Bourdu et Louisa Toubal pour leurs apports et commentaires judicieux. Ils précisent cependant que ce livre ne reflète que leur seule opinion personnelle.

Avertissement au lecteur
Les opinions exprimées n'engagent que leurs auteurs.
Ces textes ne peuvent être reproduits sans autorisation.

Celle-ci doit être demandée à :
Direction de l'information légale et administrative
29, quai Voltaire
75344 Paris cedex 07

Sommaire

Préambule

5,1 millions de salariés dans l'industrie en 1980, 3,1 millions en 2011. En France, l'industrie a perdu deux millions d'emplois en trente ans et ne représente plus que 12,5 % des actifs de notre pays. En est-il de même chez nos voisins européens ? Est-ce inquiétant ? L'industrie n'est-elle pas vouée à un déclin inéluctable au profit des services ? Ne sommes-nous pas déjà entrés dans une société post-industrielle ? Et si cette évolution était en réalité fort inquiétante, pourquoi exactement ? Que pouvons-nous faire, alors, pour y remédier ? Telles sont les questions auxquelles ce livre propose des réponses.

Mais qu'est-ce au juste que l'industrie aujourd'hui ?

L'industrie, telle que nous la connaissons, est née de trois révolutions techniques et organisationnelles majeures en à peine plus de deux siècles. À la fin du XVIIIe siècle, révolution de la machine à vapeur, dont la puissance permet la mécanisation de la production dans de grandes usines qui remplacent les petites manufactures, ainsi que le transport à grande distance grâce aux *steamers* et aux chemins de fer. À la fin du XIXe siècle, révolution du pétrole et de l'électricité, de l'automobile et de l'aviation, ainsi que de l'organisation scientifique du travail et de la chaîne de montage, qui donnent naissance à la production et à la consommation de masse. À la fin du xxe siècle enfin, révolution des technologies de l'information et de la communication. Internet et le transport par container font s'effondrer les coûts de transport des informations et des biens, suscitant l'émergence de firmes globales qui optimisent à l'échelle mondiale leurs chaînes de conception-production-distribution et mettent tous les pays en compétition pour la localisation de leurs activités.

Dans un tel univers, les frontières entre activités se brouillent et les offres s'hybrident. Un bien manufacturé incorpore de plus en plus de services nécessaires à sa production ou vendus avec lui. Pour être délivré, un service exige des infrastructures et des équipements, comme les réseaux de communication. Il devient donc difficile, et en vérité de peu d'utilité, de délimiter précisément les frontières de l'industrie. Il est plus pertinent d'opérer une distinction entre : 1) les secteurs dont la production est consommée localement : la plupart des services à la personne, certains biens comme les matériaux de construction, le bâtiment et les infrastructures, et certaines activités de service industrielles, comme la production et distribution d'électricité ou d'eau, le retraitement des déchets, et 2) les secteurs dont l'activité est en concurrence avec des entreprises du monde entier, à savoir une large partie de l'industrie manufacturière, mais aussi des services comme le tourisme et tous les services à la personne ou aux entreprises qui peuvent être rendus à distance grâce aux réseaux de communication, comme par exemple la production de logiciels ou l'assistance téléphonique.

Produire et vendre au reste du monde, pour acheter ce que nous consommons mais ne produisons pas – ou moins bien que d'autres

Un pays ne pouvant vivre longtemps à crédit, il lui est nécessaire d'exporter vers le reste du monde des biens et services dont la vente permettra d'importer l'énergie, les matières premières, les biens et services qu'il souhaite lui acheter. Aujourd'hui, les échanges de biens manufacturés représentent les trois quarts du commerce international. Nos importations sont très loin de pouvoir être payées uniquement par des ventes de services. Il est donc indispensable de proposer des produits manufacturés compétitifs sur le marché international. Cela peut reposer sur une excellente maîtrise des procédés de fabrication, mais la concurrence des pays à bas salaires limite cette voie à des secteurs dans lesquels la part des coûts de la main-d'œuvre peu qualifiée est limitée. Plus sûrement, c'est en se différenciant, en proposant des biens « haut de gamme », bien conçus, innovants, accompagnés d'un service impeccable, d'une « image » forte, que l'on peut obtenir que le client « paie la différence » et préfère nos produits à une offre meilleur marché, mais plus pauvre en fonctionnalités ou en contenu symbolique.

Des pays comme l'Allemagne ou la Suède, dont le coût du travail est comparable au nôtre, ont une balance commerciale très excédentaire. Une industrie compétitive est donc possible dans les pays développés bénéficiant d'un bon niveau de salaires et de protection sociale.

Comprendre nos faiblesses et chercher les moyens d'y remédier

Après avoir précisé ce qu'est l'industrie aujourd'hui et d'où elle vient (chapitre 1), établi l'étendue du décrochage français (chapitre 2), nous analysons les causes de notre déficit de compétitivité (chapitre 3) et nous montrons que ce décrochage, s'il n'est pas corrigé, nous rend incapables de financer notre consommation sans endetter les générations futures (chapitre 4).

Comment inverser cette dangereuse évolution ? Que faire à présent ? Nous examinons d'abord ce que nous pouvons apprendre de nos voisins qui ont su mieux préserver leur base industrielle (chapitre 5). Nous discutons au chapitre 6 ce que pourraient faire les entreprises et leur environnement. Le chapitre 7 considère, enfin, comment l'État pourrait les y aider, en créant des conditions plus favorables et en contribuant à mettre en place des règles du jeu du commerce mondial plus équitables et profitables à tous les partenaires.

Aujourd'hui, notre industrie, et avec elle notre balance commerciale, sont en grande difficulté, mais cela n'a rien d'inéluctable. Cependant, pour enrayer ce déclin et développer à nouveau l'industrie en France, il faut être convaincu que c'est une priorité nationale. Certes, la concurrence est rude entre les urgences auxquelles nous sommes confrontés pour surmonter la crise, préserver notre niveau de vie et tirer notre épingle du jeu dans la mondialisation. Mais la disparition de notre industrie aurait des conséquences très graves et trop longtemps négligées.

Contribuer à convaincre un large public de l'impérieuse nécessité de sauver l'industrie sur le territoire de la France, et tracer les pistes pour y parvenir, c'est ce que nous voulons faire avec ce livre.

Chapitre 1

La révolution industrielle permanente

La révolution industrielle débute au milieu du XVIIIe siècle en Angleterre. En deux siècles et demi, trois vagues successives l'étendent au monde entier. Elle a provoqué dans l'histoire de l'humanité une cassure sans équivalent depuis l'apparition de l'agriculture, en Mésopotamie, dans la vallée de l'Indus et en Chine, il y a 10 000 ans et celle des premières cités il y a 6 000 ans.

Révolutions industrielles et explosion démographique

Les révolutions industrielles ont permis à l'humanité de briser le terrible cycle malthusien qui freinait son expansion économique et démographique et qui s'était implacablement imposé jusqu'alors. Ce cycle commençait par l'apparition de quelques progrès techniques dans l'agriculture, la métallurgie et la fabrication des outils, ou bien dans les techniques de captation et d'utilisation des seules énergies alors disponibles : le bois et le charbon de bois, le vent, l'eau et la force animale et humaine. Ces progrès engendraient un peu de prospérité et donc une amélioration de la santé des individus. Il en résultait une croissance démographique qui, en quelques générations, annulait le surcroît de prospérité et faisait retomber l'essentiel de la population dans la malnutrition et les ravages des épidémies que favorise cette dernière. Le nombre des hommes diminuait à nouveau, jusqu'au cycle suivant.

La révolution industrielle met fin à cet enchaînement en suscitant, grâce à la diffusion de « grappes » d'innovations techniques, un accroissement sans précédent de la productivité moyenne du travail humain. La production de biens utiles à l'homme, son alimentation, sa santé, son bien-être croît désormais nettement plus vite que le nombre d'êtres humains (*cf.* encadré). Elle inaugure la « croissance économique ». Non que celle-ci n'existait pas du tout auparavant, mais on l'a vu, elle était cyclique et, en tendance, presque imperceptible.

Les trois grandes vagues de révolution industrielle qui s'enchaînent du milieu du XVIIIe à la fin du XXe siècle, en s'étendant au monde entier, ont ainsi permis de faire passer la population mondiale de 1 à 7 milliards. L'espérance de vie à la naissance, qui est certainement l'indicateur le plus pertinent du « progrès », est quant à elle passée de 25 ans – chiffre qui varie peu de l'Antiquité au XVIIIe siècle et qui résulte pour l'essentiel d'une importante mortalité infantile et des épidémies – à 68 ans aujourd'hui en moyenne mondiale (81 ans en France).

Elles ont, par ailleurs, permis une extraordinaire réduction du temps nécessaire pour couvrir des distances identiques, une explosion de la puissance des machines, une augmentation considérable des rendements de la terre (*cf.* encadré).

La révolution des « progrès techniques »

La « peau de chagrin » des distances

Marco Polo et ses parents quittent Venise en 1271 : il leur faudra trois ans pour atteindre la Chine de Kubilaï Khan par la route de la soie. Il faut 12 heures aujourd'hui. À la veille de la Révolution française, huit jours étaient nécessaires pour aller de Paris à Marseille, contre seulement trois heures aujourd'hui.

L'explosion des puissances mécaniques disponibles

Le cycliste Lance Armstrong, au sommet de sa forme (et donc de l'usage de produits dopants), développait dans la montée d'un col des Alpes durant le Tour de France, une puissance de 0,5 kilowatt, soit les deux tiers de la puissance d'un cheval de trait ordinaire (0,75 kW). Sur la même route des Alpes, une moto de 500 cm^3 développe 25 fois plus de puissance, une voiture de 3 litres de cylindrée 90 fois plus. Une centrale nucléaire de type EPR (*European Pressurized Reactor*) développe une puissance électrique, donc à peu de chose près mécanique, 3,2 millions de fois supérieure à celle d'Armstrong. Elle produit donc autant d'électricité par heure que 3,2 millions de cyclistes de la classe d'Armstrong pédalant en même temps pour entraîner des dynamos, avec cette différence qu'elle ne se fatigue pas…

Des rendements démultipliés

Au Moyen Âge en Europe, les moines de l'abbaye de Cluny avaient calculé qu'un grain de blé semé donnait en moyenne, en Bresse, quatre grains récoltés. Les rendements sont de plus de 50 grains aujourd'hui (*cf.* C. Doré, F. Varoquaux *et al.*, *Histoire et amélioration de cinquante plantes cultivées*, INRA, 2006).

Pourquoi l'Europe ?

Beaucoup des innovations décisives dans l'avènement des temps modernes ont été inventées en Chine (la poudre, les lunettes, la boussole), en Inde (le zéro) et transmises à l'Occident par le monde arabe. Mais c'est en Europe d'abord, avec la science galiléenne, que les mathématiques sont appliquées à la technique et en accélèrent considérablement les avancées. Ce progrès technique est d'abord orienté vers le perfectionnement des armes, des navires et des instruments de navigation. C'est ce qui donne les moyens aux puissances européennes, à partir du XVIe siècle, de partir à la conquête du monde.

Par ailleurs, l'Europe, depuis la décomposition de l'empire de Charlemagne au IXe siècle, est un espace politiquement très fragmenté. D'une part, ce morcellement du pouvoir des princes et des rois, ainsi que l'existence de villes libres dirigées par des bourgeois, rendent possible une plus grande liberté intellectuelle et de recherche. Ainsi, le philosophe Descartes (1596-1650), se sentant menacé en France par une Église catholique qui condamne en 1633 les thèses de Galilée qu'il partage, passe la plus grande partie de sa vie active en Hollande, et en particulier à Amsterdam. D'autre part, ce morcellement ne permet à aucun pouvoir politique de s'opposer au développement, dès le Moyen Âge, de grandes dynasties marchandes, tissant leurs réseaux dans les villes riches et actives de l'Europe, en particulier dans les Flandres et le nord de l'Italie. Alors que dans l'empire chinois, l'empereur spolie régulièrement les riches marchands et leur interdit de se déployer à l'étranger dès le XVe siècle, l'Europe connaît une accumulation de fortunes marchandes, puis financières, qui favoriseront le développement d'un capitalisme industriel.

La science galiléenne

Le physicien et astronome italien Galileo Galilei, dit Galilée (1564-1642), est connu pour avoir développé et conforté par ses observations (celle des satellites de Jupiter, par exemple) la théorie « héliocentrique » (la terre et les planètes du système solaire tournent autour du soleil) de Copernic et Kepler. En 1633, ces thèses sont à nouveau condamnées par l'Église catholique et Galilée choisit de se rétracter pour pouvoir continuer ses recherches. Mais son apport est beaucoup plus fondamental. En faisant des expériences sur la chute d'une bille sur un plan incliné, il pose les bases d'une théorie mathématisée de la mécanique que couronne ensuite Newton (1642-1727). Cette approche est mue par la conviction que « le grand livre de la nature est écrit en langage mathématique », et que les mathématiques permettent de le décrypter, mais aussi de concevoir des outils et des machines pour s'en rendre maître. Avec Galilée et ses contemporains, dont Descartes, l'homme n'est désormais plus au centre du monde, il en est un élément et il lui faut le comprendre et agir sur lui pour améliorer son sort. C'est cette vision du monde naturel et ce rapport entièrement nouveau des sciences, en particulier des mathématiques, à la technique qui firent de la science galiléenne le moteur de la révolution industrielle en Europe. Les sciences chinoises ou indiennes de l'époque, quoique très développées, n'avaient pas ce même rapport à la technique.

Sur la révolution galiléenne, voir A. Koyré, Du monde clos à l'univers infini, *Gallimard, 2003 ; sur la science en Chine ; J. Needham,* La science chinoise et l'Occident, *Le Seuil, 1973.*

Pourquoi l'Angleterre ?

Sur le plan économique, le XVIIe siècle est celui de l'apogée d'Amsterdam. À la fin du siècle, plus de la moitié des navires marchands sillonnant les mers du globe appartiennent à des armateurs d'Amsterdam : la ville devient « l'entrepôt du monde », et bientôt le centre incontesté des opérations de financement du commerce international, puis des États eux-mêmes. Sur le plan politique, la France du « Roi Soleil », Louis XIV, domine l'Europe continentale.

Pourtant, c'est en Angleterre, et non à Amsterdam ou en France, que voit le jour la première révolution industrielle. Tout d'abord, l'Angleterre n'est pas une ville, comme l'est Amsterdam. Londres est entourée d'un territoire où vivent des millions de paysans, d'artisans, de propriétaires terriens et de bourgeois qui constituent un « marché intérieur », initialement réservé aux entrepreneurs anglais. Mais l'Angleterre, cœur du « Royaume de Grande-Bretagne », est un pays d'une superficie réduite par rapport à la France, situé sur une île à l'abri des convoitises de ses voisins, du moment qu'elle contrôle les mers. Enfin, depuis la première révolution politique anglaise du milieu du XVIIe siècle, la bourgeoisie commerçante et financière partage le pouvoir avec l'aristocratie foncière. Les bourgeois deviennent eux-mêmes des propriétaires fonciers, tandis que l'aristocratie ne méprise pas de se lancer dans les affaires, contrairement à l'aristocratie française fixée à la cour depuis Louis XIV.

Cette classe dirigeante entreprenante remet d'abord en cause la suprématie maritime d'Amsterdam avec les *Navigation Acts* (1651, 1660 et 1663), qui exigent que tout commerce avec l'Angleterre, puis avec la Grande-Bretagne, soit réservé aux navires britanniques. Elle décide également la politique dite des *enclosures*, qui privatise au profit des grands propriétaires, les terres, les pâturages et les bois auparavant exploités collectivement par les petits paysans. Sur ces propriétés rurales agrandies et remembrées, elle met en œuvre plusieurs innovations dans les techniques d'assolement, de rotation des cultures et de fertilisation naturelle qui augmentent la production agricole, tout en forçant à l'exode vers les villes des centaines de milliers de petits paysans ruinés. Ces derniers constituent les premiers ouvriers de l'industrie naissante.

La première vague de révolution industrielle

À partir du XVIIIe siècle, un certain nombre d'innovations techniques décisives bouleversent les anciennes manufactures. Celles-ci n'étaient à vrai dire qu'un rassemblement d'artisans travaillant avec leurs outils traditionnels, mais sous le même toit et sous l'autorité d'un maître, qui assurait l'approvisionnement en matières premières et outils puis la commercialisation de la production. Sous l'effet de la déforestation croissante qui le raréfie, le charbon de bois est remplacé par le « charbon de terre », dont l'Angleterre est abondamment pourvue. Le charbon devient rapidement la source principale d'énergie, notamment sous l'effet du perfectionnement, par l'ingénieur écossais James Watt (1736-1819), de la machine à vapeur inventée par le Français Denis Papin (1647-1712). Le charbon est aussi utilisé comme réducteur dans les hauts fourneaux pour la fabrication de l'acier. L'invention des métiers à filer (par Richard Arkwright en 1769), puis à tisser (par Edmund Cartwright en 1785), transforme les manufactures en usines, où des centaines d'ouvriers et d'ouvrières travaillent désormais à des tâches simples et répétitives sur des machines actionnées par l'énergie de celles à vapeur. Ainsi se déploie la division du travail, source de gains considérables de productivité (*cf.* encadré).

Les sources d'augmentation de la productivité du travail dans l'industrie

La division du travail

Elle est illustrée par l'exemple (pré-révolution industrielle) de la manufacture d'épingles, donné par Adam Smith, dans son ouvrage fondateur de l'économie politique : *Enquête sur la nature et les causes de la richesse des nations* (1776).

Un artisan, pour fabriquer une épingle par lui-même, doit : dérouler du fil d'acier, le redresser, le couper à la bonne longueur, marteler l'un des bouts pour en faire la tête de l'épingle, marteler puis meuler pour l'aiguiser l'autre bout pour en faire la pointe, déposer l'aiguille dans un emballage, refermer celui-ci quand il est plein. Smith constate que si huit ouvriers se spécialisent chacun dans une de ces tâches, avec un système efficace de transfert de l'épingle en cours de fabrication d'un poste de travail à l'autre, le temps total de production d'un lot d'épingles est réduit, et donc la productivité du travail augmentée. Ceci du fait que la spécialisation engendre des gains de productivité à chaque étape.

La mécanisation

Elle consiste, pour des tâches simples, à remplacer l'ouvrier par une machine, plus rapide et plus puissante (voir ci-dessus).

Les économies d'échelle

Elles proviennent de ce que, dans de nombreuses industries, le coût moyen de production diminue avec la taille de l'unité de production. C'est d'abord vrai en raison de ce qui précède : l'atelier d'épingles de huit ouvriers spécialisés produit plus que huit artisans travaillant seuls, en raison des gains de productivité de la division du travail. Mais c'est vrai aussi pour d'autres raisons : un haut fourneau de 4 millions de tonnes de production annuelle a des coûts moyens de production de fonte inférieurs à ceux d'un haut fourneau de 1 million de tonnes. Il est certes quatre fois plus volumineux, mais il ne coûte pas quatre fois plus cher à construire. En effet, il ne contient pas quatre fois plus de briques, de béton et d'acier, car le volume (donc la capacité de production) d'un fourneau augmente avec sa dimension au cube, tandis que la quantité de matériaux nécessaires pour l'enveloppe du fourneau, sa surface extérieure (donc son coût de construction) n'augmente qu'avec sa dimension au carré, donc moins vite.

Ces innovations provoquent aussi le développement rapide des chemins de fer, puis des bateaux à vapeur (*steamers*), qui réduisent les temps et augmentent les capacités de transport.

Ce qu'on appelle la première « révolution industrielle » est donc en réalité l'articulation, dans un cercle vertueux :
– d'une révolution agricole, à la fois technique et touchant l'organisation de la propriété foncière, qui

libère de la main-d'œuvre agricole et offre à l'industrie naissante un marché intérieur aux revenus croissants ;
– d'une révolution industrielle proprement dite, fondée sur le charbon, l'acier, la machine à vapeur et les machines textiles, qui bouleverse les formes de l'organisation de la production et engage un mouvement d'augmentation de la productivité du travail qui ne s'arrêtera plus ;
– enfin, d'une révolution dans les transports (avec le chemin de fer et les *steamers*), condition de l'approvisionnement à bas coût et en grandes quantités des usines en matières premières, puis de l'écoulement de leurs produits sur des vastes territoires, ce qui permet de faire jouer les « économies d'échelle » (décrites dans l'encadré).

Initialement protectionniste à l'égard d'Amsterdam, le Royaume-Uni se sent assez fort au milieu du XIXe siècle pour mettre en application, de manière unilatérale, la politique de libre-échange, brillamment et vigoureusement prônée par l'économiste David Ricardo dès 1820. Il faut dire qu'en 1850, l'avance prise par le Royaume-Uni sur le reste du monde est impressionnante. Avec seulement 2 % de la population mondiale, il concentre alors sur son territoire 65 % de la production des usines et manufactures modernes, 50 % des filatures de coton, 50 % de la production d'acier, 60 % de la production d'énergie « commerciale », c'est-à-dire essentiellement de charbon, tandis que les armateurs britanniques possèdent 34 % de la flotte mondiale. Quant à la part de la population active occupée à la production agricole, elle passe sous la barre des 30 % dès 1830, le gouvernement préférant importer du blé américain, meilleur marché, malgré la distance, que celui des terres les moins fertiles du Royaume-Uni.

Cependant le gouvernement britannique, malgré l'interdiction d'exporter les machines innovantes, ne peut empêcher les entrepreneurs belges, français, allemands d'importer clandestinement ces machines et de les copier. C'est ainsi que la première vague de la révolution industrielle se propage sur le continent et se développe, au départ sur les mines de charbon et de fer. Elle s'étend également aux États-Unis dans la première moitié du XIXe siècle, puis plus tardivement au Japon, après la révolution Meiji, qui met fin en 1868 au pouvoir des grands féodaux. À l'issue d'une brève période, dans les années 1850, pendant laquelle ces pays adoptent eux aussi des politiques de libre-échange, ils décident d'élever des barrières douanières pour « protéger leurs industries naissantes ». C'est sans surprise en Allemagne, qui s'avère rapidement le grand concurrent de la Grande-Bretagne sur le continent, que l'économiste Friedrich List (1789-1846) justifie ce genre de politique protectionniste.

La deuxième vague d'industrialisation

En 1859, le colonel Drake fore le premier puits de pétrole près de Titusville en Pennsylvanie aux États-Unis. La croissance de la consommation d'huiles animales pour l'éclairage (dans les lampes à huile) menaçait (déjà !) la survie des baleines dont la graisse était utilisée à cet effet. Comme avec le « charbon de terre » un siècle auparavant, des innovations techniques permettent d'exploiter une ressource minérale accumulée au cours des temps géologiques et de s'affranchir des limites imposées à l'homme par la nature parcimonieuse. Le premier usage du pétrole raffiné est donc l'éclairage, où le « pétrole lampant » remplace les huiles végétales ou animales. Mais ce n'est qu'avec l'invention, à la fin du XIXe siècle, et l'essor du moteur à explosion, et son utilisation dans le secteur automobile puis de l'aviation, ainsi qu'avec le développement de la pétrochimie et des matériaux organiques de synthèse (les plastiques) que commence véritablement l'ère du pétrole. Elle constitue la première caractéristique de la deuxième vague de révolution industrielle. Le second groupe d'innovations majeures concerne l'électricité, sa production, son transport et surtout ses usages. L'électrochimie (la chimie utilisant le procédé d'électrolyse, qui sépare à l'aide de courants électriques les éléments d'un corps composé en corps simples) donne naissance à de nouveaux matériaux, tel l'aluminium. Avec le moteur électrique, l'électricité rend beaucoup plus aisés la mécanisation et le contrôle des processus industriels. Elle conduit également, un peu plus tard, à l'invention des premières machines domestiques : machines à laver, réfrigérateurs, etc. Enfin, elle révolutionne l'éclairage avec la lampe à incandescence (1879) et les moyens de communication avec le télégraphe (1874), puis le téléphone (1876), le cinéma (1894), la radio (1902), la télévision (1925). Le nom de l'inventeur et entrepreneur américain Thomas Alva Edison (1847-1931) est associé à beaucoup de ces inventions.

Comme lors de la première vague d'industrialisation, ces innovations transforment profondément les techniques et l'organisation de production, avec le « taylorisme » et le « fordisme », dont la combinaison donne naissance à la chaîne de montage. Cette dernière conduit à la production en masse de biens manufacturés engendrant des gains de productivité, et donc un abaissement des coûts, ce qui permet aux ouvriers d'enfin acheter ce qu'ils produisent (*cf.* encadré « Taylorisme, fordisme et travail à la chaîne »). Production et consommation de masse, soutenues par des politiques « sociales-démocrates » qui veillent à l'accroissement des salaires au rythme des gains de productivité, participent à un cercle vertueux qui entraîne une forte augmentation du niveau de vie des classes populaires.

La consommation de masse se déploie dès l'entre-deux-guerres aux États-Unis – qui, surpassant le Royaume-Uni, se sont placés à la tête de cette deuxième révolution industrielle –, puis, après la Seconde Guerre mondiale, en Europe et au Japon. Production et consommation de masse font cependant pression de manière exponentiellement croissante sur les ressources fossiles et minérales, ainsi que sur les écosystèmes vivants et les capacités d'absorption de déchets de la planète. À tel point que dès les années 1920, et à nouveau dans les années 1970, on commence à s'en préoccuper avec le rapport « Meadows » du Club de Rome publié en 1972 et intitulé *The Limits to Growth* (traduit en français par *Halte à la croissance ?)*. En 1973, avec le premier choc pétrolier, le quadruplement du prix du pétrole semble donner raison à ces inquiétudes.

Taylorisme, fordisme et travail à la chaîne

Le taylorisme, c'est, en un mot, l'analyse scientifique – par des mesures du temps nécessaire pour accomplir les gestes élémentaires de production de l'ouvrier – de la division optimale des tâches de production. Fondée par l'américain Frederick Winslow Taylor (1856-1915), ouvrier modeleur devenu chef d'atelier puis ingénieur, « l'organisation scientifique du travail » permet de pourchasser et de réduire les gestes inutiles et les temps morts. L'ouvrier est ainsi plus efficace et peut être mieux payé. La société américaine de génie mécanique refuse en 1911 de publier le manuscrit des *Principes de management scientifique* que Taylor distribue à ses relations. En revanche, son ouvrage de 1907 sur *La direction des ateliers* est traduit et publié en France en 1912.

Le fordisme, c'est l'organisation des postes de travail, « scientifiquement » définis par le taylorisme, le long d'un convoyeur qui fait défiler les objets à usiner ou à assembler devant l'ouvrier, lui imposant ainsi le rythme déterminé par la vitesse du convoyeur. C'est la « chaîne de montage », mise en place par l'industriel américain Henry Ford en 1908.

L'ensemble permet donc l'exploitation optimale et l'amélioration permanente des sources de productivité du travail industriel pressenties par Adam Smith. Il en est résulté d'immenses progrès dans la productivité du travail. Mais le prix à payer en fut une déshumanisation de celui-ci, réduit à des gestes simples et répétitifs, à des cadences que l'on qualifie bientôt d'« infernales ». Charlot dans *Les Temps Modernes*, film réalisé en 1936, immortalise l'aliénation du travail engendré par ces techniques de production, qui cependant mettent l'ensemble des biens manufacturés à portée de ceux-là mêmes qui les produisent.

En effet, le fordisme comme méthode de production est complété d'une dimension « macroéconomique » essentielle : Ford préconise une augmentation régulière des salaires des ouvriers, au même rythme que la productivité de leur travail, afin qu'ils puissent acheter les produits de la production de masse.

La troisième vague de révolution industrielle

Les innovations qui lui donnent naissance sont en apparence cantonnées à des secteurs plus restreints : le traitement et la transmission des informations numérisées. Le terme de « technologies de l'information et de la communication (TIC) » désigne ces techniques dont les principales sont, dans les années 1970, le microprocesseur et le protocole Internet (1972-1975). S'y ajoutent, comme lors des deux précédentes vagues d'industrialisation, des transformations décisives dans le secteur des transports. Il s'agit d'abord, en 1957, d'une invention *a priori* très banale, celle du container par l'armateur américain Malcom McLean (1914-2001). Le container est un caisson métallique aux dimensions normalisées, conçu pour pouvoir être facilement transbordé d'un véhicule à un autre, d'un camion ou d'un wagon à un navire par exemple, ce qui réduit très fortement le temps de chargement-déchargement des marchandises. L'augmentation de la taille des navires (jusqu'à 500 000 tonnes pour les plus gros pétroliers) et l'invention du container permettent un véritable effondrement des coûts de transports intercontinentaux de matières premières (en vrac) et de biens manufacturés (en container). Les prix des transports aériens sont aussi fortement réduits avec l'augmentation de la taille des avions. Quant au transport de données numérisées, il devient pratiquement gratuit, et l'on peut désormais transférer en quelques secondes, d'un bout à l'autre de la terre, le contenu de la plus grande bibliothèque du monde, s'il est numérisé.

Parallèlement, apparaissent les biotechnologies (qui permettent d'agir au niveau cellulaire sur les processus du vivant), une grappe d'innovations dont les conséquences sur la santé en particulier, mais aussi sur l'agriculture, les matériaux, la production d'énergie, voire l'informatique, sont importantes et encore difficilement mesurables. Un peu plus tard, dans les années 1990, se développent les nanotechnologies, qui permettent d'agir sur la matière à l'échelle du nanomètre – un milliardième de mètre –, donc en pratique à l'échelle de la molécule. Elles pourraient également bouleverser la production de matériaux, la production et le stockage d'énergie, et bien d'autres domaines encore.

Les microprocesseurs, quant à eux, entraînent des sauts qualitatifs dans l'automatisation des processus industriels. Internet – en permettant la coordination en temps réel d'unités de production distantes – et les containers autorisent la « globalisation » de l'industrie et de certains services. Ce phénomène, qui est le cadre du développement industriel aujourd'hui, mérite d'en préciser les contours et les conséquences.

Globalisation de l'industrie et des services « nomades »

Les différents segments de la « chaîne de valeur » d'un produit manufacturé, c'est-à-dire les différentes étapes nécessaires à sa production, de la conception à la livraison au consommateur final, sont désormais localisés par des firmes globales (par exemple, Apple) dans plusieurs pays, en fonction des avantages productifs que chacun présente à leurs yeux pour le segment considéré.

La fabrication de l'iPhone 3G illustre bien la fragmentation des processus productifs au niveau mondial par les firmes globales. Sur son iPhone 3G, la firme Apple indique : « *Designed by Apple in California. Assembled in China* » (Conçu par Apple en Californie. Assemblé en Chine), laissant penser que le produit possède une double origine. Mais la réalité est plus complexe, car ses composants sont fabriqués dans différents pays, principalement la Corée du Sud, les États-Unis, l'Allemagne et le Japon, puis importés par la Chine où une firme taïwanaise procède à l'assemblage final dans une gigantesque usine. Ainsi, tous les pays cités participent à la création de valeur ajoutée du produit. Cette organisation des segments de la chaîne de valeur fait que l'iPhone 3G n'est ni un produit « Made in USA », « Made in China » ou encore « Made in Germany », mais un produit « Made in world ».

Coûts de fabrication et d'assemblage d'un iPhone 3G en 2009

	Chine*	États-Unis	Japon	Corée du Sud	Allemagne	Reste du monde	Total
Coûts de fabrication et d'assemblage	6,5 $ (3,6 %)	10,8 $ (6 %)	60,6 $ (33,8 %)	23 $ (13 %)	30,2 $ (16,8 %)	48 $ (26,8 %)	179,1 $ (100 %)

* Assemblage.

Source : Andrew Rassweiler, IHS iSuppli Market Research (June 4, 2009). http ://www.isuppli.com

Les choix de localisation des différents segments de la production sont effectués en fonction de la spécialisation économique des pays, ou, dit autrement, de leurs avantages comparatifs. Le Japon et l'Allemagne sont très bien positionnés dans la chaîne de valeur de ce produit « Made in world ». Le premier fournit les mémoires flash, les écrans tactiles et les composants de l'écran. Le second, les antennes, les appareils photos, les émetteurs récepteurs et les receveurs GPS.

Une fois assemblés, les iPhones sont exportés de la Chine vers les États-Unis, ce qui accroît l'excédent commercial chinois, et creuse le déficit commercial lié à l'iPhone des États-Unis avec la Chine. La mesure traditionnelle du commerce international, basée sur le prix des biens échangés, indique que les États-Unis versent 1 901,2 millions de dollars par an à la Chine pour les importations d'iPhones 3G. Or, la valeur ajoutée créée en Chine est faible (*cf.* le tableau ci-dessous). Une mesure des échanges commerciaux internationaux fondée sur la valeur ajoutée éviterait ce biais. Avec une telle mesure, le déficit commercial des États-Unis envers les autres pays participant à la production de l'iPhone 3G serait le suivant :

Balance commerciale des États-Unis pour l'iPhone 3G (en millions de dollars)

	Chine	Japon	Corée du Sud	Allemagne	Reste du monde	Total
Mesure traditionnelle	– 1901,2	0	0	0	0	– 1901,2
Mesure basée sur la valeur ajoutée	– 73,5	– 684,8	– 259,4	– 340,7	– 542,9	– 1901,2

Source : Andrew Rassweiler, IHS iSuppli Market Research (June 4, 2009). http ://www.isuppli.com

Plusieurs facteurs expliquent cette évolution

Trois types de facteurs ont contribué à l'éclatement des chaînes de valeur et à la mise en concurrence, par ces grands « nomades » que sont devenues les firmes globales, de l'ensemble des territoires de la planète.

Il s'agit, tout d'abord, des facteurs techniques. Ils permettent, d'une part, de coordonner des unités de production distantes grâce à Internet mais aussi des déplacements très rapides, par avion, de cadres et techniciens et, d'autre part, de réduire de façon spectaculaire les coûts de transport par container.

Ce sont ensuite des facteurs politiques. Après la crise des années 1930, les principales économies s'étaient refermées sur elles-mêmes, ce qui fut considéré comme un facteur aggravant la crise. Après la victoire de 1945, dont ils furent avec l'Union soviétique les principaux artisans, les États-Unis, comme le Royaume-Uni un siècle auparavant, réussirent à convaincre leurs alliés, figurant parmi les pays riches, des avantages du libre-échange. Une série de *rounds* de négociations commerciales internationales, d'abord dans le cadre du GATT (*General Agreement on Tariffs and Trade*) à partir de 1947, puis dans celui de l'OMC (Organisation mondiale du commerce) à partir de 1995, ont en conséquence abaissé régulièrement les obstacles tarifaires et non tarifaires aux échanges de marchandises, puis des services internationalement échangeables.

Cependant les pays émergents, c'est-à-dire les pays s'industrialisant et rattrapant très rapidement les pays riches (Chine, Inde, Indonésie, Brésil, Afrique du Sud, Turquie… pour les plus grands), et en particulier la Chine, sont généralement moins convaincus des avantages immédiats du libre-échange pour un pays encore pauvre et en cours de rattrapage économique. En conséquence, ils continuent d'appliquer – et ce, pour certains, malgré leur adhésion à l'OMC – des politiques visant à protéger leurs industries de la compétition des pays riches, mais aussi à les stimuler vigoureusement, en favorisant plusieurs « champions » nationaux, soumis à une vive compétition interne. Ils imitent ainsi les challengers du Royaume-Uni dans la seconde partie du XIXe siècle, en particulier l'Allemagne et les États-Unis. Avant eux, le Japon à partir des années 1950, puis la Corée à partir des années 1960, avaient agi de même.

Des facteurs économiques expliquent enfin ces évolutions. D'abord, l'apprentissage très rapide par les grands pays émergents des techniques de production industrielle, grâce en particulier à la diffusion des savoirs et des savoir-faire industriels engendrée par les investissements directs (construction d'unités de production) des firmes globales sur leur territoire. La diffusion des technologies est accélérée par des pratiques de copie, certes contraires au droit de la propriété intellectuelle dans les pays riches et aux accords de l'OMC, mais qui ont une longue histoire ! Souvenons-nous des industriels d'Europe continentale copiant les machines textiles anglaises au XIXe siècle. Cet apprentissage industriel très rapide doit aussi beaucoup aux efforts considérables de formation et de recherche de ces pays. L'Inde formait 235 000 ingénieurs en 2006, l'Union européenne environ 300 000 (Cefi, 2006) et les États-Unis, 135 000 en 2008 (Science and engineering indicators, 2012). Notons cependant que les comparaisons internationales portant sur le nombre d'ingénieurs diplômés par an souffrent de problèmes méthodologiques, notamment entre les États-Unis, la Chine et l'Inde (F. Sachwald, *La Chine, puissance technologique émergente*, Études Ifri, 2007).

La productivité du travail dans les usines des pays émergents augmente ainsi très rapidement. Les salaires, quant à eux, restent encore tirés vers le bas par le poids des populations rurales et employées dans le secteur informel urbain, dont la productivité du travail et, par conséquent, les revenus augmentent beaucoup plus lentement. Cela fait des firmes qui localisent tout ou partie de leur production dans les territoires émergents, de redoutables concurrents pour celles qui continuent d'opérer dans les anciens pays industrialisés, à coûts de main-d'œuvre plus élevés. Cantonnées pendant les trois dernières décennies du XXe siècle à des productions de niveau technique faible ou moyen, les entreprises des pays émergents font désormais jeu égal dans de nombreuses industries « de pointe » (équipements électroniques, aviation, pharmacie, biens d'équipement, énergies nucléaire et renouvelables, etc.) avec celles issues des pays anciennement industrialisés, bien souvent au travers de coopérations multiformes avec elles.

Conséquence : une nouvelle répartition de l'industrie mondiale

La production et la consommation de produits industriels dans le monde croissent fortement, globalement, mais la localisation des sites de production évolue.

Les firmes globales fabriquent dans les marchés émergents en croissance rapide, certes pour diminuer les coûts logistiques, mais aussi et surtout pour satisfaire aux pressions des gouvernements qui n'ouvrent leur marché intérieur qu'à condition que ces firmes produisent sur place. C'est en effet pour eux, on l'a dit, le meilleur moyen d'apprendre rapidement, car dans l'industrie, on apprend en produisant. Par ailleurs, autant qu'elles le peuvent, les firmes globales mettent en concurrence les territoires et localisent les segments de chaînes de valeur, de la conception à la distribution, là où les rapports qualité/prix des facteurs de production (travail, énergie, ressources naturelles, infrastructures) sont les meilleurs. En conséquence, la production industrielle croît beaucoup plus vite dans les pays émergents (ainsi que sa part dans l'économie de ces pays), moins vite dans les pays développés.

Certaines régions consomment plus de biens industriels qu'elles n'en produisent, c'est le cas des États-Unis depuis des décennies. D'autres, comme l'Europe, restent à peu près à l'équilibre (mais avec des déséquilibres internes). Au sein de l'Europe, la France consomme plus qu'elle ne produit depuis quelques années, mais cela n'a pas toujours été le cas (*cf.* chapitre suivant).

Une tertiarisation de l'économie ? Attention aux apparences !

Les évolutions de l'emploi par secteur productif (*cf.* encadré « Définitions des secteurs primaire, secondaire et tertiaire ») mettent en évidence une

« tertiarisation » de l'économie depuis la Seconde Guerre mondiale, particulièrement dans les pays les plus riches. Mais attention aux apparences !

Tout d'abord, la productivité dans les services croît moins vite que dans l'industrie et l'agriculture industrielle, voire pas du tout (ex : la coupe de cheveux, le restaurant). En conséquence, les prix agricoles et surtout (récemment) industriels connaissent une rapide baisse relative. Si bien qu'à consommation identique en quantité (on dit en volume), la part des services mesurée en valeur (valeur = volume x prix) augmente. Ensuite, lorsqu'on s'enrichit, on consomme plus de services (santé, loisirs, communication, déplacements), et moins de produits agricoles et de biens manufacturés.

La part relative des services augmente aussi en raison des variations de périmètre des entreprises industrielles qui se concentrent sur leur « cœur de métier ». Certaines productions (et les emplois correspondants) qui étaient autrefois comptées comme « industrielles », quand les entreprises industrielles les assuraient elles-mêmes, sont ainsi comptabilisées comme « services » quand elles sont externalisées (c'est-à-dire confiées à des entreprises extérieures, ce qui est la tendance actuelle), sans qu'il y ait de changement réel dans leur usage. Il s'agit par exemple de la restauration des employés, du nettoyage des locaux, de la comptabilité et de la paye, des services juridiques, des conseils en informatique, stratégie, gestion, finance.

Enfin, même si sa part statistique dans l'emploi et la production en valeur diminue, l'industrie reste au cœur de la croissance. En effet, les services que l'on consomme de façon grandissante reposent tous sur une base matérielle en innovation permanente (*cf.* chapitre 4).

Définitions des secteurs primaire, secondaire et tertiaire

Au niveau le plus agrégé, trois grands secteurs regroupent l'ensemble des activités économiques d'un pays : les secteurs primaire, secondaire et tertiaire. L'industrie appartient traditionnellement au secteur secondaire.

« Le secteur primaire regroupe l'ensemble des activités dont la finalité consiste en une exploitation des ressources naturelles, pêche, forêts, mines, gisements » (INSEE).

« Le secteur secondaire regroupe l'ensemble des activités consistant en une transformation plus ou moins élaborée des matières premières (industries manufacturières, construction) » (INSEE).

« Le secteur tertiaire recouvre un vaste champ d'activités qui va du commerce à l'administration, en passant par les transports, les activités financières et immobilières, les services aux entreprises et services aux particuliers, l'éducation, la santé et l'action sociale. Le périmètre du secteur tertiaire est de fait défini par complémentarité avec les activités agricoles et industrielles (secteurs primaire et secondaire) » (INSEE).

En France, en 2009, les secteurs primaire, secondaire et tertiaire représentaient respectivement 2,9 %, 22,5 % et 74,6 % de l'emploi total (contre 5,1 %, 25,9 % et 69 % dans l'UE 27) (source : INSEE d'après des données Eurostat).

L'INSEE définit l'industrie de la manière suivante : « En première approximation, relèvent de l'industrie les activités économiques qui combinent des facteurs de production (installations, approvisionnements, travail, savoir) pour produire des biens matériels destinés au marché ».

Les contours de l'industrie peuvent évoluer selon les traitements statistiques ou les études. Une distinction est généralement établie entre l'industrie manufacturière et les industries d'extraction. L'industrie manufacturière, telle qu'elle est définie par l'Organisation de coopération et de développement économiques (OCDE), exclue ce secteur mais aussi celui de l'énergie.

Ces nomenclatures permettent de ventiler des variables, telles que le nombre de personnes employées ou la valeur ajoutée, dans une économie donnée, de façon à pouvoir observer leur répartition et leurs évolutions. C'est ainsi qu'est calculée la part de l'industrie dans l'emploi total ou dans le produit intérieur brut.

Les emplois par secteurs en France (1970-2010)

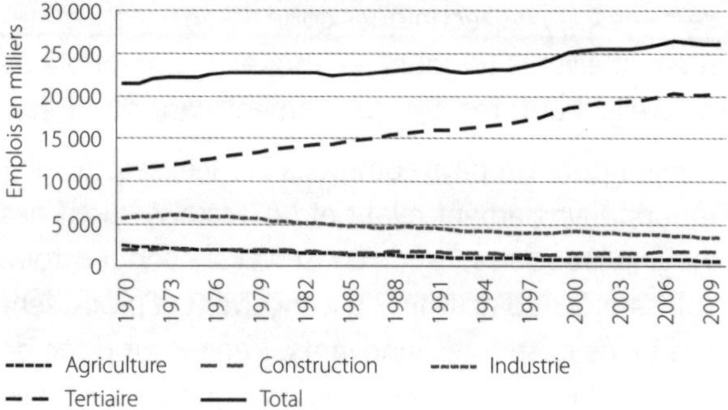

Champ : France métropolitaine, personnes de 15 ans et plus.
Source : Insee, estimations d'emploi.

Au plan mondial, avec une population de 7 milliards d'hommes, nous aurons de toute façon de plus en plus besoin, en volume, d'énergie, de matière, de machines et d'objets de consommation. Même s'il n'est pas souhaitable, pour des raisons environnementales, que ces consommations convergent vers les niveaux atteints par les ménages américains, elles augmenteront.

En conclusion, la révolution « industrielle » est permanente. Elle ne se limite pas à une liste définie *a priori* et fixe de secteurs ou de types de biens, telle que « l'industrie manufacturière ». Elle accroît la productivité du travail dans la production, le transport et l'utilisation de différentes « grappes » de biens et de services de plus en plus associés. Lentement dans certaines, où les techniques connaissent une « maturité », d'ailleurs toujours provisoire et susceptible de nouvelles ruptures, très rapidement dans d'autres.

L'enjeu pour un pays comme la France, sauf à subir un appauvrissement relatif et un accroissement des inégalités sociales, est de conserver sur son territoire suffisamment d'activités qui conçoivent et produisent des biens et services innovants. L'enjeu est donc de « rester dans la course » de la révolution industrielle en cours.

Les trois vagues de la révolution industrielle

	Fin XVIIIe siècle	**Fin XIXe siècle**	**Fin XXe siècle**
Grappes d'innovation principales	Machine à vapeur Machines textiles	Moteur à combustion interne Pétrochimie Électricité	Technologies de l'information et de la communication Biotechnologies Nanotechnologies
Secteurs les plus transformés	Mines, métallurgie, agriculture, textile	Pratiquement tous les secteurs sont concernés	Information, communication, santé
Transports	Chemin de fer *Steamer*	Automobile Aviation	Container Internet
Organisation	Passage de la manufacture à la grande usine	Taylorisme et fordisme	Firme globale

Chapitre 2

Le décrochage de l'industrie française

Au début des années 2000, notre industrie produisait plus de biens manufacturés que n'en consommaient les résidents français. La France avait alors une balance commerciale excédentaire, même après avoir payé ses importations d'énergie et de matières premières. Aujourd'hui, nous produisons moins de biens manufacturés que nous n'en consommons, nous importons donc la différence et devons de surcroît toujours importer énergie et matières premières dont les prix augmentent depuis le milieu des années 2000.

Nous avons vu, dans le chapitre précédent, que la diminution du poids de l'industrie dans le produit intérieur brut (PIB) ou dans la population active n'était pas en soi un indicateur de déclin industriel pour plusieurs raisons.

Tout d'abord, certains emplois de services à l'industrie, comme le nettoyage des locaux, la restauration des personnels, parfois la comptabilité ou la gérance de l'informatique, sont de plus en plus souvent assurés par des entreprises spécialisées extérieures. Ces emplois sont donc aujourd'hui comptabilisés dans le secteur des « services » et non plus dans celui de l'« industrie », ce qui était le cas auparavant lorsqu'ils étaient occupés par des salariés de l'entreprise industrielle elle-même.

Ensuite, la productivité augmente plus vite dans l'industrie que dans les services. Elle peut donc satisfaire les mêmes besoins avec moins d'employés et vendre ses produits moins cher.

Enfin, un consommateur qui s'enrichit, une fois ses besoins élémentaires satisfaits (alimentation, logement, vêtements, véhicule), achète relativement plus de services (éducation, santé, culture, voyages...).

Un indicateur plus pertinent pour mesurer le déclin industriel est la balance commerciale de l'industrie, à savoir la différence entre ses importations et ses exportations : produisons-nous autant, en valeur, que ce que nous consommons ?

La France consomme plus qu'elle ne produit

Avoir une balance commerciale déficitaire signifie que l'on s'endette. En effet, puisque la valeur de ce que nous achetons à l'étranger est supérieure à celle de ce que nous vendons, il faut emprunter pour régler la différence. C'est possible. Cela peut même durer un certain temps, mais pas indéfiniment.

Avoir une balance industrielle déficitaire signifie qu'on consomme plus de biens manufacturés qu'on n'en produit. Ce n'est pas forcément grave si les autres postes de la balance des paiements compensent celui-là.

Chaque pays a intérêt à se spécialiser dans le domaine où ses « avantages comparatifs » sont les plus importants. Ainsi, la France fabrique des produits à fort contenu technologique comme les avions, que l'on exporte, tandis que des pays à bas salaires nous vendent des survêtements à des prix imbattables. Certains secteurs ont donc un solde positif, comme l'industrie agroalimentaire, la fabrication de matériel de transport (regroupant l'aéronautique, le ferroviaire et l'automobile), la chimie, la pharmacie ou le commerce. D'autres ont un solde très négatif : énergie et matières premières, bien sûr, mais aussi informatique et matériel électronique, et la plupart des autres secteurs industriels. Mais, depuis 2005, les secteurs qui exportent ne compensent plus le déficit de ceux qui importent.

Notre balance commerciale hors énergie est ainsi passée d'un solde positif de 25 milliards d'euros en 2002 à un déficit de 25 milliards d'euros en 2011. Dans le même temps, la facture énergétique nette de la France passait de 22 à 46 milliards d'euros, du fait du renchérissement du pétrole et du gaz.

Évolution de la balance commerciale des industries manufacturières en France

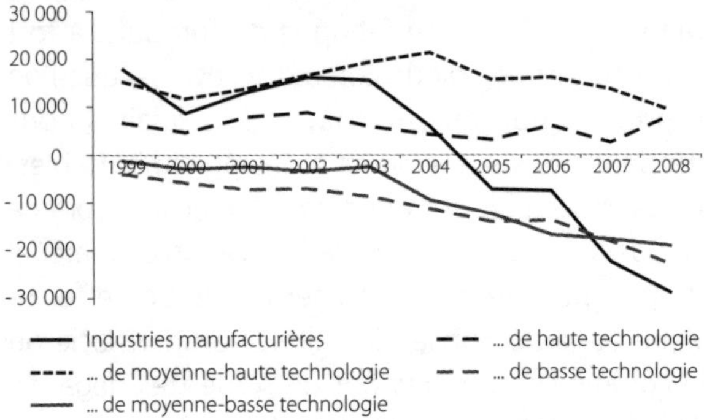

Commentaire : On constate que la France exporte dans les domaines de haute et moyenne-haute technologie, mais plus assez pour compenser ses importations de produits de basse technologie.
Source : données OCDE, en millions de dollars.

De plus, d'après le rapport Gallois, *Pacte pour la compétitivité de l'industrie française,* de novembre 2012, la production de l'industrie manufacturière estimée en volume (c'est-à-dire en annulant les effets de l'inflation sur les prix) est à peu près la même qu'en 1998, tandis que notre consommation a augmenté de 50 %.

Selon l'indicateur de la balance commerciale, il est donc clair que l'industrie française décroche.

Les services ne peuvent pas compenser le déficit industriel et énergétique

Qu'importe, disaient les chantres de la société post-industrielle, une économie développée comme la nôtre pourrait se spécialiser dans les services, vendre le savoir-faire de ses ingénieurs, de ses banquiers ou de ses assureurs. Et si la France est mal dotée en matières premières et en sources d'énergie – ou plutôt si elle a depuis longtemps épuisé ses mines et ses réservoirs pétroliers, à l'exception potentielle de gisements de gaz de schiste à évaluer –, elle est un grand pays agricole et attire des touristes ravis de découvrir son patrimoine.

Rappelons cependant quelques ordres de grandeur : en 2010, les échanges de biens FAB (franco à bord, c'est-à-dire sans les coûts de transport et d'assurance, comptabilisés par ailleurs comme des services) font apparaître un déficit de 49,4 milliards d'euros. Celui-ci est bien loin d'être compensé par les 5,3 milliards d'euros de solde positif du tourisme ou par les échanges d'autres services qui ont un solde négligeable (– 1,2 milliard d'euros) (*Tableaux de l'économie française*, INSEE, 2012).

La relativement faible contribution des services s'explique facilement. Ainsi, quand une grande chaîne de distribution française ouvre un magasin au Brésil, celui-ci est construit par des ouvriers brésiliens, et des vendeuses brésiliennes y distribuent des produits dont la plupart sont locaux. Certes, le groupe facture à sa filiale son savoir-faire et la gestion d'une marque internationale, mais ceci représente une part très modeste du chiffre d'affaires des magasins. De même, lorsqu'une banque française achète ou crée un réseau bancaire. La croissance de ces entreprises à l'étranger n'a donc que des répercussions limitées sur la balance des paiements française, car une grande partie de la valeur ajoutée des services est produite localement. Au contraire, les produits industriels comprennent une part importante de travail humain qui souvent n'est pas effectué sur le lieu de leur consommation. Ceci explique que les flux de biens matériels contribuent plus au commerce international, et surtout à ses soldes, que les flux de services.

De plus, les ventes de biens induisent souvent des ventes ultérieures de services. Ainsi, la maintenance d'un hélicoptère entraînera des ventes de pièces détachées, mais aussi des prestations d'installation de celles-ci sur les lieux d'utilisation.

Il existe quelques exceptions pour lesquelles l'exportation des services prend plus d'ampleur, comme les services d'assistance téléphonique. En effet, grâce à la baisse des coûts des communications internationales, ils peuvent être produits loin des consommateurs (ce qui joue à l'avantage des pays à bas salaires). Les services financiers de la City de Londres peuvent également être utilisés par le monde entier (à l'avantage cette fois du Royaume-Uni).

Finalement, la « capacité de financement de la Nation », qui mesure le solde de tous les échanges et transferts, s'établissait en 2010 à – 42,5 milliards d'euros. Il s'agit donc d'un « besoin de financement de la Nation », correspondant au montant qu'il est nécessaire d'emprunter à des épargnants étrangers.

Ce n'est pas (que) la faute des Chinois

On accuse souvent la concurrence insurmontable, voire déloyale, de pays à bas salaires, capables de produire des biens de plus en plus sophistiqués, d'être à l'origine de notre « désindustrialisation ». Comment lutter contre des ouvriers asiatiques touchant des salaires 3 à 10 fois inférieurs à notre « SMIC » et travaillant dans des conditions souvent déplorables, sans respect de l'environnement naturel ni des droits des salariés ?

C'est impossible pour beaucoup d'industries au sein desquelles le poids de la main-d'œuvre est important et dont les produits concurrents fabriqués à l'étranger ont des caractéristiques proches de ceux que nous produisons.

Pourtant, des pays comme les Pays-Bas, la Suède ou l'Allemagne ont une balance commerciale excédentaire, bien que les ouvriers y soient aussi bien payés qu'en France.

Les Allemands ne cherchent pas à produire des chaussettes ordinaires moins chères que celles qui sortent des usines du Bangladesh. En revanche, ils fabriquent des équipements de production dont les Chinois ont besoin pour installer leurs usines, des voitures dont la qualité et celle du service associé permettent de vendre avec une prime de 10 à 15 %. Leur balance commerciale industrielle est ainsi largement excédentaire. Autre exemple, le Royaume-Uni, où l'industrie automobile était donnée pour morte, aurait produit 1,3 million de véhicules en 2012, dont 1,1 million ont été exportés, notamment en Chine (Ph. Jacqué, *Le Monde*, 16/12/2012).

Évolution de la balance commerciale des industries manufacturières en Allemagne

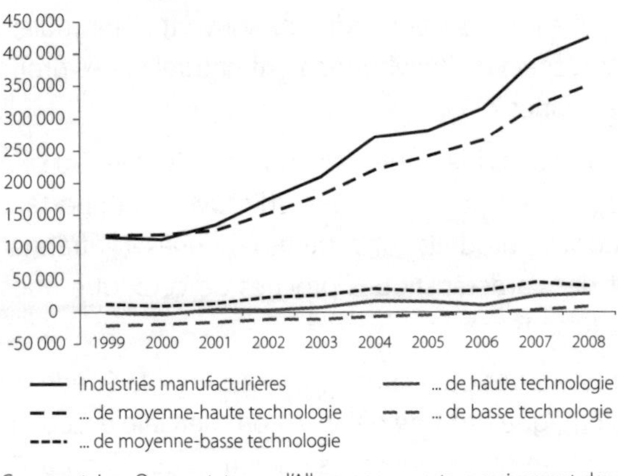

Commentaire : On constate que l'Allemagne exporte massivement dans les domaines de moyenne-haute technologie, et a un solde positif dans toutes les gammes de technologie sauf parfois la plus basse.

Source : données OCDE, en millions de dollars.

Ce n'est donc pas « la faute des Chinois » s'ils trouvent chez nos voisins de meilleures occasions de dépenser les euros qu'ils ont gagnés en nous vendant leurs produits.

Au niveau de l'Europe dans son ensemble, l'excédent des exportations de produits manufacturés était de 178 milliards d'euros en 2010, un niveau certes inférieur au déficit dans le domaine de l'énergie (297 milliards). Mais le solde négatif reste modéré par rapport au PIB (0,7 %).

En résumé, le solde négatif de notre balance commerciale résulte de la faiblesse de notre industrie nationale, ce qu'indique bien le graphique suivant.

Part du PIB industriel de différents pays de l'OCDE

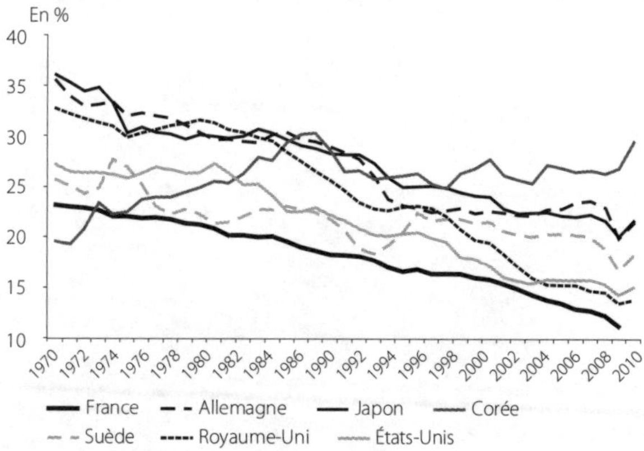

Source : OCDE, secteur « énergie » compris dans industrie.

Chapitre 3

Les faiblesses de l'industrie française

Quelles sont donc les raisons qui expliquent un tel décrochage de notre industrie ? Nous allons voir qu'elle souffre d'un dialogue insuffisant avec l'ensemble des parties prenantes : au sein de l'entreprise, entre entreprises, avec le système éducatif et les jeunes, avec le monde de la recherche, avec les investisseurs et les prêteurs, avec les politiques, avec l'administration et avec la société. Cela engendre une méfiance réciproque et aboutit à un manque de soutien.

Les maux de l'industrie française ont fait l'objet de nombreux diagnostics récents, par exemple dans les ouvrages de Patrick Artus, Jean-Louis Beffa, Gabriel Colletis, Jean-Louis Levet ou dans le numéro spécial de mai 2012 d'*Alternatives économiques*.

Au-delà de leurs divergences, ces auteurs s'accordent sur le mauvais positionnement de la production française et la nécessité d'une montée en gamme. Le coût plus élevé de la main-d'œuvre dans les pays développés ne peut être compensé qu'en ayant recours à des procédés beaucoup plus efficaces ou en proposant des produits avec des fonctionnalités différentes pour lesquelles l'acheteur est prêt à payer. Il peut s'agir d'un service associé, par exemple lorsque la vente d'une voiture est accompagnée d'un contrat de financement et de maintenance, incluant le prêt d'un véhicule de remplacement, éventuellement apporté à domicile, au moment d'une intervention d'entretien. Les faiblesses de l'industrie française la rendent moins compétitive que celle des économies développées voisines et freinent cette nécessaire montée en gamme. Elles résultent presque toutes d'un manque de qualité du dialogue entre les industriels et les nombreuses parties prenantes, dont la conséquence est une coûteuse défiance réciproque. Yann Algan et Pierre Cahuc (*La société de défiance*, 2007) ont montré combien ce déficit de confiance gênait le fonctionnement de l'économie et de la société.

Un dialogue social peu constructif

La tradition française d'un dialogue social souvent conflictuel et la culture de confrontation des syndicats (d'employeurs et d'employés) ont peu amené les partenaires sociaux à travailler « à froid » sur des sujets d'intérêt commun, comme la formation professionnelle et la préparation des mutations industrielles.

En Allemagne et en Suède, il n'existe qu'un seul syndicat par branche professionnelle. Cette configuration n'a pas que des avantages, mais elle limite la surenchère des revendications et favorise l'investissement durable dans des formes de cogestion ou de codécision, notamment dans les grandes entreprises (au conseil d'administration desquelles, en Allemagne, les syndicats de salariés participent). En France, le rapport Gallois sur le *Pacte pour la compétitivité de l'industrie française*, de novembre 2012, relève que « les postures l'emportent sur l'écoute réciproque » (p. 13). L'accord du 11 janvier 2013 sur la sécurisation de l'emploi, intervenu depuis la publication du rapport, ouvre peut-être une période de relations plus constructives.

Un système de management peu efficient

Des comparaisons d'entreprises allemandes et françaises de taille similaire montrent que le taux d'encadrement est très supérieur en France. On y emploie environ deux fois plus de main-d'œuvre indirecte, c'est-à-dire travaillant hors chaîne de production (*cf.* tableau).

Nombre de niveaux hiérarchiques en France et en Allemagne : l'exemple d'une ETI* dans l'outillage industriel

	France	Allemagne
Directeur de production	1	
Directeur de production adjoint	1	
Responsable de production		1
Responsable de département	3	
Responsable de département adjoint	2	
Chef de service	3	3
Chef d'équipe	5	17
Contremaître	23	
Ouvrier	406	452
Ratio d'encadrement en %	9,4	4,6

*ETI : entreprise de taille intermédiaire (typiquement entre 250 et 5 000 salariés).

Source : A. Kieser, P. Walgenbach, Organisation, 6e édition, p. 244. ©2010 Schäffer-Poeschel Verlag für Wirtschaft, Steuern, Recht in Stuttgart, cité dans Dorothée Kohler et Jean-Daniel-Weisz, Pour un nouveau regard sur le *Mittelstand, La Documentation française, 2012.*

Les causes de cette situation peuvent être multiples : une mauvaise organisation des tâches ou un besoin de contrôle plus important, lié à la formation insuffisante du personnel, à des relations peu confiantes ou à une faible coopération entre ouvriers et cadres.

Ces difficultés sont en partie liées aux modes de recrutement et de promotion dans les entreprises. Une partie importante des personnels encadrants allemands, du contremaître au PDG, ont commencé par exercer les métiers de ceux qu'ils supervisent avant de saisir les occasions de qualification et de promotion qui leur étaient offertes. Dans le système de « castes » français, la position occupée (opérateur, technicien, ingénieur, dirigeant) dépend beaucoup du niveau de diplôme obtenu, lui-même étant très corrélé à l'origine sociale. Il ne permet donc pas aux responsables de bien comprendre les subtilités des tâches de ceux qu'ils encadrent et rend les relations de travail moins confiantes. Parallèlement, les opérateurs disposent de moins de possibilités, et donc de motivation, pour augmenter leur qualification.

Le manque de confiance et de culture de coopération se traduit également dans les relations entre entreprises, dans les rapports entre donneurs d'ordre et fournisseurs, ainsi qu'au niveau de la formation professionnelle.

Les relations entre fournisseurs et donneurs d'ordres

Les acheteurs au sein des entreprises françaises, notamment dans des filières comme l'automobile, cherchent souvent le fournisseur le « moins-disant » – c'est-à-dire celui qui proposera les prix les plus bas – pour satisfaire leur besoin immédiat. Seules quelques entreprises pionnières considèrent que certains fournisseurs peuvent devenir des partenaires dans l'innovation, grâce à une structuration des relations qui les y inciteront. Concrètement, aujourd'hui, un fournisseur qui apporte à une entreprise cliente une idée, lui permettant d'obtenir le même résultat ou de réaliser la même fonction à moindre frais, risque de ne pas en tirer profit : cela peut entraîner une réduction de sa propre marge, ou le client peut s'approprier l'idée et la faire réaliser ailleurs.

De plus, les clients payent parfois tardivement, obligeant des fournisseurs financièrement fragiles à leur faire crédit. La loi qui limite les délais de paiement est souvent contournée par l'émission tardive des bons de commande ou par des procédures de réception compliquées, au cours desquelles des éléments supplémentaires sont demandés afin de retarder l'exigibilité légale du paiement.

Former chacun pour soi

En Allemagne ou en Suisse, il est fréquent qu'une personne soit formée en apprentissage au sein d'une entreprise, puis travaille dans une autre. En France, cette situation est mal vécue. Des fédérations industrielles envisagent d'ailleurs la mise en place d'un système de compensation dans lequel l'employeur final dédommagerait celui qui a formé l'apprenti.

Dans le même esprit, peu d'entreprises s'investissent directement dans le système de formation professionnelle, géré par l'Éducation nationale ou les fédérations d'employeurs.

Tout ceci contribue à une mauvaise connaissance de l'industrie par les jeunes et leurs enseignants, qui en conservent des images stéréotypées, négatives et datées. Cette affirmation fréquente des industriels semble toutefois exagérée au regard des résultats des enquêtes d'opinion.

La mauvaise image de l'industrie

L'industrie aurait donc une mauvaise image, car les informations la concernant qui parviennent au grand public privilégient les sinistres (fermetures de sites, accidents, conflits sociaux).

Pourtant, l'industrie propose des métiers qualifiés, plutôt bien payés (au moins par rapport aux employés des services). En 2008, la rémunération mensuelle brute dans l'industrie pour un emploi à temps plein s'élevait à 2 884 euros, soit 5 % de plus que la moyenne des emplois salariés, 16 % de plus que ceux du bâtiment et 21 % de plus que dans le commerce de détail ou les services du secteur sanitaire et social. De plus, comme 90 % des salariés de l'industrie sont employés à temps complet contre 77 % dans l'ensemble de l'économie, le salaire par tête dans l'industrie est supérieur de 14 % à la moyenne nationale.

Les images de fermetures d'usines renforcent cependant l'impression d'un travail précaire, alors que, selon l'Union des industries et des métiers de la métallurgie (UIMM), le seul secteur de la métallurgie recrute environ 70 000 personnes par an et peine à trouver des soudeurs, ajusteurs et caristes.

L'industrie et les formations professionnelles n'attirent pas les jeunes

Cette image dégradée de l'industrie, associée à une mauvaise organisation et valorisation des filières de l'enseignement secondaire professionnel, contribue à en écarter les jeunes. En France, en effet, la formation professionnelle est souvent un choix par défaut, imposé aux élèves qui ne sont pas admis dans les filières générales ou technologiques. Les entreprises s'impliquent peu dans la formation. Malgré quelques exceptions remarquables, comme le lycée Airbus à Toulouse, les lycées professionnels sont souvent isolés géographiquement et culturellement, à la fois des filières générales et des entreprises.

Les jeunes se détournent aussi des formations professionnelles, parce qu'en dépit de salaires d'embauche plutôt attractifs offerts aux élèves allant au bout de leur cursus, il leur est ensuite difficile de progresser.

En effet, la poursuite des études après un diplôme professionnel est compliquée. Tout d'abord, parce que les formations universitaires classiques, celles fournies par les instituts universitaires de technologie (IUT) et celles menant aux brevets de techniciens supérieurs (BTS), recrutent préférentiellement des élèves issus des formations générales et technologiques. Par ailleurs, elles n'offrent pas une pédagogie adaptée aux savoirs maîtrisés par ceux qui ont suivi une formation professionnelle.

Ensuite, la formation permanente est peu développée et mal organisée en France. Les budgets qui lui sont consacrés servent plus à adapter les salariés aux évolutions de leur poste de travail, grâce à des formations très courtes aux objectifs limités, qu'à leur permettre d'acquérir de nouvelles qualifications et à progresser par le biais de formations plus longues, souvent réalisées en alternance.

De plus, les filières de formation initiale fournissent aux entreprises suffisamment de techniciens et d'ingénieurs pour couvrir leurs besoins. Celles-ci sont donc moins enclines à former leurs salariés en leur sein que dans des pays comme l'Allemagne. Cette solution est en effet beaucoup plus coûteuse pour elles à court terme, du moins tant que le coût psychologique et social de l'absence d'espoir de promotion est négligé.

Enfin, l'apprentissage, qui permet d'acquérir une formation tout en découvrant le monde de l'entreprise, malgré la qualité des débouchés qu'il offre, reste une voie peu développée.

Cette faible implication des entreprises dans le monde de l'éducation et le déficit d'image de l'industrie, qui en est en partie la conséquence, s'accompagneraient aussi, selon certains observateurs, d'une insuffisante culture de la recherche et de l'innovation. Le faible investissement dans la recherche est cependant plus lié à la spécialisation de l'industrie française qu'au comportement des entreprises elles-mêmes.

L'industrie ne ferait pas assez d'efforts d'innovation

Prises dans leur ensemble, les entreprises françaises investissent peu dans l'innovation technologique : 1,49 % du produit intérieur brut (PIB) en 2007, encore moins depuis (1,39 % en 2009), contre respectivement 2,01 %, 2,02 %, 2,68 % et 2,84 % pour les entreprises nord-américaines, allemandes, japonaises ou coréennes. Mais ce résultat français s'explique essentiellement par une spécialisation sectorielle défavorable, où les extrêmes sont surreprésentés (entreprises, de très haute technologie comme la pharmacie et l'aéronautique, ou peu technologiques comme l'agroalimentaire). Ainsi, quelques entreprises de haute technologie (généralement grandes), représentant environ 12 % du PIB, investissent largement autant que leurs homologues étrangères dans la R&D (recherche et développement). À l'autre bout du spectre, de nombreuses entreprises de basse technologie financent peu ou pas de R&D. Des pays comme l'Allemagne ont un secteur de « moyenne-haute technologie » (chimie, mécanique de précision) beaucoup plus important que la France, et les entreprises de ces domaines font des efforts de R&D substantiels.

Contrairement à une opinion répandue, les entreprises françaises, dans leurs spécialités respectives, investissent de manière plutôt volontariste dans la R&D, certes un peu moins qu'aux États-Unis ou au Japon, mais plus que dans la plupart des grands pays développés. Si, dans chaque branche industrielle, les entreprises françaises fournissaient autant d'efforts de R&D que la moyenne de leurs homologues européennes, la R&D industrielle française ne représenterait que 1,15 % du PIB en 2008 au lieu de 1,47 %.

Le faible investissement en R&D des entreprises françaises est donc dû à une spécialisation globale dans des secteurs qui réalisent moins d'investissements technologiques (et cette spécialisation défavorable s'aggrave tendanciellement depuis dix ans). De plus, ce handicap n'est que partiellement compensé par un effort supérieur à la moyenne des concurrents dans la plupart des secteurs (qui plus est, cet effort supplémentaire tend à diminuer depuis dix ans).

Il serait hâtif d'en conclure que cette situation n'est pas dangereuse. En effet, les secteurs de basse technologie, surreprésentés dans l'industrie française, sont aussi ceux pour lesquels il est plus difficile de se différencier des produits standardisés, proches de simples commodités (c'est ainsi qu'on appelle des produits peu ou pas différenciables, tels que les métaux, les matériaux de construction de base, et de manière plus générale beaucoup de biens dits « intermédiaires » entrant dans la fabrication des produits manufacturés). Pour supporter la concurrence des pays à bas salaires, les entreprises de ces secteurs doivent justifier des prix plus élevés grâce à une « montée en gamme », avec des produits plus innovants ou associés à un meilleur service. Elles peuvent aussi produire à faible coût grâce une meilleure maîtrise des procédés de fabrication, qui passe souvent par l'achat d'équipements de production automatisés et de robots, la mise en place d'une organisation plus efficace, l'identification de nouveaux débouchés ou modèles de distribution.

Par ailleurs, les chiffres précédents ne concernent que l'effort de R&D « scientifique et technique ». Ils ne sont donc pas forcément significatifs pour mesurer l'ensemble de l'effort d'innovation, qui couvre un champ plus large. De nombreuses innovations reposent en effet sur l'invention de nouveaux modèles d'affaires, comme les meubles faciles à assembler chez soi d'Ikea, ou la banque en ligne. Ces innovations « organisationnelles » dépendent d'un dialogue fructueux entre les services de l'entreprise et ses clients, ou clients potentiels. Or, il est plus difficile de faire des comparaisons internationales fiables sur ces aspects.

Parmi les raisons expliquant un trop faible investissement des entreprises dans la recherche et l'innovation, la difficulté française de s'appuyer sur le potentiel de la recherche publique et de le valoriser est aussi évoquée. La situation évolue cependant grâce à des mesures comme la création du réseau des instituts Carnot (laboratoires publics labellisés pour la qualité et l'abondance de leurs prestations de recherche pour les entreprises) ou celle des pôles de compétitivité (*cf.* chapitre 6).

Un accès difficile aux financements

Innover et monter en gamme supposent des investissements, mais beaucoup d'entreprises ne dégagent pas des marges suffisantes pour les payer. Si les grands groupes peuvent directement s'adresser aux marchés financiers, les petites entreprises doivent se financer auprès des banques ou ouvrir leur capital. Pour engager des capitaux, les banques exigent des garanties matérielles ou doivent avoir suffisamment confiance dans la réputation de l'entreprise et de l'entrepreneur.

Cela semble plus facile en Allemagne, où une entreprise travaille avec sa banque-maison historique, dont le représentant est souvent implanté localement de manière durable. Celui-ci connaît suffisamment le tissu des entreprises de son territoire pour accompagner celles qui ont des perspectives de développement intéressantes. Aux États-Unis ou au Royaume-Uni, les entrepreneurs trouvent plus facilement un financement auprès d'investisseurs en capital-risque, beaucoup plus nombreux, ou de réseaux de *Business Angels*, rassemblant des particuliers souvent expérimentés qui investissent leur argent personnel dans une jeune entreprise qu'ils font bénéficier de leur expérience et de leurs relations. La France ne dispose d'aucun de ces atouts.

Des arbitrages politiques qui favorisent le consommateur au détriment du producteur

Jusqu'à aujourd'hui, le déclin industriel n'était pas ressenti comme un enjeu d'importance par l'opinion, séduite par les perspectives – fragiles – d'une société post-industrielle. Les arbitrages politiques et économiques ont donc été souvent rendus au détriment de l'industrie, ou de l'entreprise en général, qu'il s'agisse de la fiscalité, du financement de la protection sociale ou du cadre légal et réglementaire.

La France a constamment préféré mener une politique de soutien à la demande, considérant que rendre les clients solvables créait les opportunités commerciales dont les entreprises du territoire tireraient automatiquement parti. Cette démarche « keynésienne » perd de sa pertinence en économie ouverte si les consommateurs préfèrent utiliser leur revenu supplémentaire pour acheter des produits étrangers, ce qui est le cas en France aujourd'hui. Ainsi, une augmentation de 1 % de la demande intérieure française provoque une hausse de 1,4 % des importations (on dit que l'élasticité des importations à la demande intérieure est de 1,4).

Une politique d'offre consiste, quant à elle, à aider les entreprises locales à produire dans de bonnes conditions ce que souhaitent les consommateurs, ici et ailleurs. Elle conduit à soutenir les entreprises plutôt que les consommateurs, au niveau des choix de fiscalité et de réglementation, notamment celle du marché du travail.

Une fiscalité qui manque de lisibilité et de stabilité

Les entreprises françaises subiraient une fiscalité plus lourde que leurs homologues étrangères. De fait, elles supportent à la fois des impôts « fixes », non liés à leurs résultats (l'ancienne taxe professionnelle et les taxes qui s'y sont en partie substituées), et des taux d'imposition nominaux sur les bénéfices importants. Cependant, divers mécanismes font que les taux effectifs sont moins élevés. Les grandes entreprises bénéficient en effet de possibilités de consolidation fiscale intéressantes (comme imputer les pertes d'une filiale à l'étranger), voire de localisation de leurs bénéfices dans des pays à fiscalité clémente. Les petites entreprises, quant à elles, profitent parfois d'exonérations ou de crédits d'impôt divers.

Au total, en 2010, l'impôt sur les sociétés représentait, selon l'OCDE, 1,5 % du PIB en Allemagne contre 2,1 % en France… mais 3,5 % en Suède, pays où les entreprises sont pourtant réputées peu taxées.

Outre les taux, parfois peu représentatifs lorsque de nombreux dispositifs permettent de soustraire certaines dépenses de l'assiette de calcul des impôts, la fiscalité française est accusée de manquer de lisibilité et surtout de stabilité. Ainsi, une mesure très incitative comme le crédit d'impôt recherche a fait l'objet de cinq réformes de son mécanisme, de son assiette ou de son taux depuis 2004. Or, toutes les études économétriques montrent que les effets positifs de ce type de mesures n'apparaissent qu'au bout de plusieurs années... à condition que le dispositif ait été suffisamment stable pour permettre aux acteurs de se l'approprier.

Le financement de la protection sociale

Le coût du travail est souvent invoqué comme un facteur pénalisant pour la France. La réalité est plus nuancée. Il y a une douzaine d'années, les handicaps structurels énumérés ci-dessus étaient en partie compensés par un coût du travail relativement moins élevé, notamment par rapport à l'Allemagne. Depuis dix ans, l'Allemagne a fourni de gros efforts pour contenir ses coûts, de sorte qu'ils sont aujourd'hui au même niveau que les nôtres, alors que notre compétitivité hors coût ne s'est pas améliorée.

Surtout, au-delà des coûts assez comparables de la main-d'œuvre directe, les entreprises françaises étaient handicapées par la moindre efficacité de leur management interne et de leur environnement externe (*cf. supra*).

La protection sociale repose, en France plus qu'ailleurs, sur des cotisations assises sur le travail. D'une manière caricaturale, on pourrait dire que soit l'ouvrier français paye, sous forme d'un moindre salaire, l'inefficacité de son environnement (interne et externe à l'entreprise) et le choix de faire reposer l'essentiel du coût de la protection sociale de tous sur le travail, soit c'est l'entreprise qui paye sous forme d'une moindre compétitivité et d'une érosion de ses marges, qui l'empêche d'investir et de progresser et qui l'enfonce dans une spirale de compétitivité déclinante.

Le droit du travail et son application

En France, l'état du droit du travail et de ses modalités d'application fait qu'il est difficile de licencier. Cela constitue certes une protection, conquise de haute lutte, pour les salariés en contrat à durée indéterminée (CDI). Mais un effet pervers de cette protection est que les entreprises hésitent à embaucher. Elles recourent à des intérimaires coûteux, ou proposent des contrats précaires de durée limitée, au détriment de la capitalisation des savoirs au sein de l'entreprise.

Elles renoncent aussi à engager, en France, des projets risqués qui nécessitent l'embauche de personnels disposant de qualifications spécifiques. Elles évitent ainsi de faire face aux coûts liés à un éventuel arrêt du projet en cas d'insuccès.

Des relations soupçonneuses avec l'administration

Au-delà des effets pervers du droit du travail, les dirigeants d'entreprise se plaignent souvent de règlements foisonnants et de contrôles « tatillons » de la part de l'administration (ceux dont les entreprises ont beaucoup d'implantations à l'étranger relativisent cependant parfois ce jugement négatif). Il semble que, dans certains pays étrangers, les industriels puissent faire valoir l'impact sur leur activité d'un changement de réglementation ou de législation envisagé. Ainsi, par exemple, le choix de l'Allemagne de sortir du nucléaire, annoncé en mai 2011, a donné lieu à de nombreuses discussions avec les représentants des entreprises pour en limiter les conséquences négatives.

Plus généralement, les entreprises peuvent paraître lutter seules dans un environnement hostile ou méfiant. Qu'il s'agisse des relations avec l'administration, le milieu de l'enseignement, le tissu de recherche, les institutions financières et surtout avec les autres entreprises, ou même au sein de l'entreprise, le sentiment d'un « chacun pour soi » et d'une faible propension à la coopération ou à la confiance domine en France. L'organisation décentralisée allemande, qui permet un règlement local des problèmes entre acteurs qui, par ailleurs, se connaissent souvent, serait plus propice à l'épanouissement des solidarités locales.

À ces relations difficiles avec ses interlocuteurs naturels et institutionnels, s'ajoute une méfiance du corps social envers les activités industrielles et leurs nuisances.

Une inquiétude de la société face aux risques technologiques

Échaudée par diverses crises sanitaires et environnementales (amiante, sang contaminé, vache folle, AZF, mediator, PCB...), alertée par les accidents nucléaires de Tchernobyl en 1986 et de Fukushima en 2011, la société est devenue méfiante envers les technologies nouvelles aux risques prétendument maîtrisés.

Aux États-Unis, la tendance est de laisser les entreprises mettre sur le marché tout produit dont le danger n'est pas avéré, quitte à se retourner ensuite contre l'entreprise si son activité ou ses produits causent des dommages. Encore faut-il que celle-ci soit suffisamment solvable pour réparer les dégâts engendrés ou indemniser les personnes lésées, ce qui n'est pas toujours le cas lors de sinistres environnementaux ou sanitaires importants.

L'Europe continentale, et surtout la France, ont une approche plus prudente qui se traduit par davantage de contrôles *a priori,* c'est-à-dire avant la mise sur le marché, et une réglementation plus stricte et parfois touffue. Cette exigence de précaution est jugée souvent excessive par les industriels. Elle est pour partie la conséquence d'une attitude jadis négligente, voire désinvolte, à l'égard de l'acceptation des nouvelles technologies et de l'inquiétude des populations qui en a découlé. Obtenir les autorisations d'exploitation de l'administration n'est plus considéré comme suffisant. Les diverses crises déjà évoquées ont miné la confiance du public dans la parole des représentants de l'industrie et de l'administration.

Les conséquences du manque de soutien et de confiance des parties prenantes

Les dysfonctionnements français évoqués font hésiter les grands groupes internationaux à localiser leurs activités en France et dissuadent les petites et moyennes entreprises (PME) de grandir, pour des raisons à la fois psychologiques et économiques, faute de marges suffisantes.

Dans leur ouvrage *Le patron de PME ou le syndrome de Peter Pan*, Benjamin Bertrand, Philippe Bodenez et Étienne Hans expliquent comment le patron français de PME souffre, plus que son homologue allemand, du fait de se sentir peu légitime, mal compris et complexé. Peu légitime, car la sphère politique prévaut symboliquement en France sur l'espace économique. Créer des richesses, de surcroît souvent en province, n'est pas chez nous très admirable. Mal compris, du fait d'une culture française qui favorise l'affrontement, ce qui n'est pas le cas des sociétés moins hiérarchiques et ségrégées, où la connivence entre acteurs est supérieure. Complexé, dans un pays de culture catholique, où l'argent est souvent suspect.

Comment s'étonner alors que, selon une enquête d'OSEO de 2008, 52 % des dirigeants de PME françaises de plus de dix salariés n'envisagent pas de développer leur entreprise ?

Ceux qui cependant cherchent la croissance se heurtent à l'obstacle économique que constituent des marges insuffisantes. Le manque de compétitivité hors coût et de différenciation suffisante des produits oblige à se battre sur les prix pour sauver ses parts de marché face à des concurrents aux moindres coûts de production. Les entreprises ont plus de difficultés à investir dans la productivité, dans la formation ou dans la recherche, alors qu'elles le faisaient déjà trop peu lorsqu'elles en avaient les moyens. Elles s'enfoncent donc dans une spirale de compétitivité déclinante.

Le rapport Gallois déjà cité relève ainsi que les marges des entreprises industrielles françaises ont fondu de 30 % en 2000 à 21 % en 2011. Leur autofinancement (part des investissements financés par les ressources propres de l'entreprise plutôt que par un emprunt) passait, quant à lui, de 75 % en 2000 à 64 % en 2012 et la productivité globale des facteurs (une mesure de l'efficacité des entreprises) stagnait.

Avant d'évoquer quelques pistes pour sortir de cette spirale du déclin (*cf.* chapitres 6 et 7), rassérénons le lecteur en complétant cette description des faiblesses de l'industrie française par l'évocation de certains de ses atouts.

Quelques atouts de l'industrie française

Comme bien d'autres observateurs, nous recourons fréquemment à des références à nos prospères voisins allemands. Rappelons cependant qu'il y a quinze ans, Hans-Werner Sinn, le directeur très écouté du principal institut de prospective économique allemand, considérait que son pays était « l'homme malade de l'Europe » et devait tout mettre en œuvre pour imiter le succès français (Jacqueline Hénard, *L'Allemagne, un modèle, mais pour qui ?*, note de La Fabrique de l'industrie, Presses des mines, 2012). Les Allemands redoutaient alors que leur tissu économique diffus, fait de nombreuses entreprises de taille moyenne dispersées sur tout le territoire, traitant avec la banque et l'université locales plutôt qu'avec de grands leaders européens, ne constitue un handicap dans la mondialisation. Leur système semblait provincial et archaïque face aux grands groupes internationaux français capables d'opérer à l'échelle mondiale.

De fait, la tradition centralisée de la France a permis quelques brillants succès dans la gestion de grands programmes technologiques liés à des enjeux de souveraineté – nucléaire, accès à l'espace, aéronautique, défense, transport ferroviaire – et favorisé la constitution de grands acteurs industriels comme EDF, Areva, EADS, Alstom, Thales ou Safran.

Au-delà de ces entreprises issues des programmes de souveraineté, la France compte un nombre relativement important de grands groupes multinationaux. Ce n'est pas forcément favorable à l'emploi de production en France, car ces sociétés ont intérêt à produire près des marchés en croissance, comme la Chine ou l'Amérique du Sud, ou dans les pays proches des marchés mais où la main-d'œuvre est peu coûteuse (comme Renault en Roumanie et au Maroc). Même si elle ne se traduit pas par une croissance des emplois de production, la prospérité de ces groupes bénéficie aux emplois de conception qui restent en partie localisés en France pour s'appuyer sur des ressources historiques.

Les industriels (et les consommateurs) français ont également profité d'une électricité sensiblement meilleur marché que chez leurs voisins. Cet avantage concernait un peu moins les industries grandes consommatrices d'énergie, dont les concurrents étrangers pouvaient négocier avec leurs fournisseurs des tarifs spécifiques. Il tend par ailleurs à s'éroder avec la dérégulation et l'interconnexion des marchés européens qui homogénéisent les prix. Si le consommateur allemand est prêt à payer cher son électricité, EDF lui en vend volontiers, utilisant pour cela des centrales thermiques plus coûteuses (et plus polluantes) que les centrales hydrauliques et nucléaires qui assurent la plupart du temps la consommation des Français.

Le prix de marché de l'électricité augmente alors pour tous les utilisateurs.

Rappelons enfin que le relatif dynamisme démographique français fait que le problème du vieillissement de la population et du faible taux d'actifs par pensionné se pose avec un peu moins d'acuité que chez nos voisins, notamment allemands, ou que chez les Japonais, et demain les Chinois. Mais il a aussi pour conséquence une arrivée plus massive de jeunes sur le marché du travail.

Chapitre 4

Est-ce grave ?

La dégradation du solde industriel français, qui entraîne celle de son solde commercial, est un signe inquiétant. Mais est-ce bien grave ? Après tout, un pays en déficit commercial peut le compenser par des afflux de capitaux. De plus, même si les services s'exportent encore peu, ne faut-il pas plutôt miser sur le développement des exportations d'un secteur qui emploie les trois quarts de notre main-d'œuvre, plutôt que sur celles d'une industrie en déclin ? Et dans l'industrie, ne suffit-il pas de se spécialiser dans les secteurs à haute technologie ?

Peut-on vivre durablement à crédit ?

Un déficit commercial doit être compensé par des entrées de capitaux qui le financent. Cela peut prendre deux formes principales : soit l'endettement, c'est-à-dire la vente de titres de dette ou d'autres actifs financiers, soit la vente d'actifs réels (des immeubles à Manhattan, des châteaux et des vignobles en Bourgogne, des usines rentables). Mais cela peut-il durer ?

Les États-Unis connaissent depuis plus de vingt ans des déficits courants allant jusqu'à 6 % de leur PIB. Mais ils bénéficient d'une situation particulière, en tant qu'émetteur de la monnaie « internationale » hégémonique, le dollar, et, pour quelques décennies encore, en tant que première puissance économique mondiale. Ils ont eu le privilège (longtemps exclusif mais désormais menacé par l'euro et, demain, le yuan) d'émettre la monnaie utilisée dans le commerce mondial. La croissance du commerce international, plus rapide que celle de l'économie mondiale, a créé un besoin de monnaie internationale. Il en résulte qu'une grande partie des dollars émis par les Américains pour payer leurs importations n'est pas utilisée par les pays qui exportent vers eux pour acheter des biens produits en Amérique, mais est conservée sous forme de placements très liquides (les « liquidités » internationales) par les acteurs économiques globaux et les banques centrales étrangères. Cette situation exceptionnelle, mais pas forcément pérenne, leur est spécifique.

On sait par ailleurs que les déficits américains sont largement financés par la Chine, qui prête volontiers au reste du monde. Cette dernière a choisi, jusqu'à aujourd'hui, un mode de développement tiré par les exportations industrielles. Plutôt que de laisser sa monnaie se réévaluer, elle accumule les dollars provenant de ses excédents commerciaux et les prête aux pays en déficit, notamment aux États-Unis. Longtemps, ses placements furent essentiellement financiers, en particulier l'achat de bons du Trésor américain. Depuis quelques années, le gouvernement chinois oriente ses fonds souverains vers l'acquisition d'actifs réels. La Chine vend donc des produits de consommation pour acheter la propriété de moyens de production : rachat d'entreprises étrangères, mais aussi de terres agricoles et de gisements de matières premières ou de sources d'énergie, comme les joueurs de Monopoly qui achètent les propriétés de leurs adversaires moins chanceux. Enfin, elle est encore dépendante de certaines technologies occidentales dont elle doit se procurer la maîtrise. Lorsque, dans un avenir vraisemblablement pas si lointain, la Chine n'aura plus besoin des ressources des pays développés, elle préfèrera probablement consommer le fruit de ses efforts pour permettre un développement du niveau de vie de ses citoyens, plutôt que d'en faire bénéficier des étrangers de moins en moins solvables dont elle n'attendra plus grand chose en termes de technologie. Les pays endettés auprès des acteurs chinois devront donc soit faire défaut, c'est-à-dire refuser de rembourser leurs dettes, soit faire l'effort de passer en excédent commercial pour se désendetter.

Au sein de l'Europe, l'Allemagne prête beaucoup à ses voisins, entre autres parce qu'elle a besoin que leurs remboursements futurs financent ses retraites. Compte tenu de son déclin démographique, elle investit une partie de son épargne dans les projets d'autres pays, européens ou plus lointains. Encore faut-il être convaincu que ceux-ci seront en état d'honorer leur dette, ce qui dans le cas de la Grèce, par exemple, n'est plus le cas.

De plus, la crise a rendu les créanciers méfiants. Les États ont dû voler au secours des banques qui les avaient naguère convaincus de ne pas leur imposer de régulation limitant les risques qu'elles faisaient courir au système économique. Ils l'ont fait en s'endettant eux-mêmes. Or, répétons-le, un pays ne rembourse ses dettes qu'en ayant une balance commerciale bénéficiaire (c'est-à-dire en vendant plus qu'il n'achète) ou en vendant ses actifs.

En conclusion, grâce à la globalisation financière qui permet une large circulation des capitaux entre pays, les déficits commerciaux sont supportables un temps, mais pas indéfiniment. Si l'on s'endette pour financer un déficit commercial, il faut tôt ou tard rembourser, c'est-à-dire revenir à une situation d'excédent commercial.

Comment redresser notre solde commercial ?

La question de fond est donc bien : comment faire pour redresser notre solde commercial, pour augmenter nos exportations et/ou réduire nos importations ? Cela concerne au premier chef l'industrie qui, avec 420 milliards d'euros de ventes à l'étranger, comptait en 2011 pour 78 % de nos exportations, et avec 491 milliards d'euros d'achats de produits étrangers, pour 83 % de nos importations. Mais le déficit commercial français ne peut-il pas être annulé en exportant autre chose que des biens manufacturés, par exemple des services, dont le tourisme ou la finance font partie ?

La distinction agriculture/industrie/services perd ici de sa pertinence. Il faut désormais raisonner en termes de biens et services « nomades », qui s'exportent, et de biens et services « sédentaires », qui ne s'exportent pas ou très peu. L'industrie, au sens classique, produit beaucoup de biens nomades, mais pas seulement. Ainsi, la plupart des matériaux de construction, secteur où les firmes françaises excellent, s'exportent peu au-delà des pays limitrophes. Les firmes d'origine française Lafarge et Saint Gobain, leaders mondiaux dans ces domaines, vont donc produire ces matériaux à l'étranger pour servir des marchés locaux. Il en est de même pour l'électricité, laquelle ne se stockant pas peut d'ailleurs être considérée comme un service, ou pour la fourniture d'eau potable et d'assainissement, qui sont également des secteurs dans lesquels les entreprises françaises sont très performantes. Mais il ne faut pas compter sur eux pour augmenter les exportations industrielles françaises : ils produisent des biens sédentaires.

À l'inverse, le tourisme s'exporte, ainsi que certains services financiers ou d'autres services divers, de plus en plus nombreux, qui peuvent être rendus *via* internet. Les biens agricoles s'exportent également. Il est vrai qu'aujourd'hui, dans les pays riches, l'agriculture tend à devenir une industrie.

L'enjeu n'est donc pas le développement du secteur secondaire et de l'industrie manufacturière en soi, encore moins le maintien sur le territoire français d'industries du passé, mais la production compétitive de biens et services exportables, donc « nomades », pour équilibrer nos besoins d'importation. Jeux vidéo, tourisme, services à distance en font partie, aussi bien que les biens manufacturés et agricoles.

Cependant, gardons-nous du mythe de la « société post industrielle ».

Le mythe de la société post-industrielle

Après le premier choc pétrolier (1973) et ses effets ravageurs sur la balance commerciale, la France créait en 1974 l'Agence pour les économies d'énergie (AEE, devenue Agence de l'environnement et de la maîtrise de l'énergie – ADEME – en 1990) avec pour slogan : « On n'a pas de pétrole, mais on a des idées ». Ces idées devaient nous permettre d'économiser l'énergie et de chasser le « gaspi ». Mais on comprit vite que de bonnes idées permettraient aussi de compenser l'achat de pétrole par la vente de biens et de services attractifs, avec un très fort contenu de « matière grise ».

À l'aube du XXIe siècle, certains imaginaient une spécialisation internationale du travail conduisant les pays les plus développés à vendre leurs capacités de conception et des services à très haute valeur ajoutée aux ateliers du monde, en échange des produits dont ils avaient besoin. L'histoire n'abondait-elle pas d'exemples d'États ayant fondé leur prospérité sur le commerce et la maîtrise des échanges de biens produits ailleurs et consommés dans le monde entier ? Sans remonter jusqu'à Gênes, Venise ou Amsterdam (*cf.* chapitre 1), la seconde moitié du xxe siècle a vu diverses nations s'épuiser à financer des chantiers navals déficitaires, tandis que des armateurs grecs avisés prospéraient en utilisant des bateaux achetés bon marché grâce aux surcapacités mondiales. Plus récemment, le Royaume-Uni laissait s'étioler son industrie avec une certaine indifférence, persuadé que sa prospérité viendrait des services vendus au monde entier par les financiers de la City de Londres et, peut-être, de quelques biotechnologies issues de ses meilleures universités. Il est cependant important de noter que cette image de pays désindustrialisé donnée par l'Angleterre est issue du contraste avec la puissance passée de l'industrie chez ce pionnier de la révolution industrielle, mais que le poids de ce secteur dans le PIB britannique reste supérieur à ce qu'il est en France. Chez nous, en 2001, le président d'Alcatel, Serge Tchuruk, enthousiasmait ses actionnaires avec son concept d'entreprise sans usine (*fabless*) qui conçoit les produits, fait fabriquer ailleurs et commercialise, à l'image de Nike, par exemple.

Ce raisonnement suppose que les exportations de services puissent compenser nos besoins en énergie et en produits manufacturés ailleurs. Ainsi, au début des années 1980, le solde très négatif des échanges de biens manufacturés français avec un Japon conquérant était plus que couvert par le produit des licences de notre savoir-faire de retraitement de combustible nucléaire ! Mais en dehors de cette exception ponctuelle – petite consolation à une époque où notre compétitivité souffrait et où la balance commerciale dans son ensemble atteignait le déficit alors jugé abyssal de 30 milliards d'euros –, un tel scénario est irréaliste, pour plusieurs raisons.

Des services qui ne pèsent pas encore beaucoup dans le commerce mondial

Les exportations de services restent limitées en valeur, même dans les pays développés qui se sont spécialisés dans ce domaine. Selon une analyse du CEPII, un centre de recherche français dans le domaine de l'économie internationale, elles ne représentaient en 2007 que 20 % du commerce mondial, contre 68 % pour les biens manufacturés et 13 % pour les produits primaires (minerais, pétrole, gaz naturel, produits agricoles non transformés...) (*cf.* encadré). Entre 1995 et 2007, les exportations de services croissent au même rythme que le commerce mondial, et conservent donc leur part relative.

Les services dans le commerce mondial

« Les échanges de biens manufacturés, de services et de biens primaires représentaient respectivement 68 %, 20 % et 13 % du commerce mondial en 2007 […]. L'industrie reste donc le secteur de prédilection du commerce entre les nations, même si sa part a reculé de trois points depuis 1995, sous l'effet notamment de l'évolution des prix relatifs : renchérissement des produits primaires et baisse des prix dans certaines branches manufacturières (électronique, textile...).

Pris globalement, les échanges de services ont connu un rythme de croissance identique à celui de l'ensemble du commerce mondial (+ 8,5 % par an en valeur) et ont donc maintenu leur part.

Toutefois, la nature des services échangés s'est profondément modifiée grâce aux innovations technologiques. La numérisation systématique de l'information a induit de nouvelles formes de production et de consommation. Certains services, qui jusqu'alors ne pouvaient pas techniquement être échangés, ont pris une part importante dans le commerce mondial.

Il s'agit de ce que les nomenclatures internationales regroupent sous l'appellation « autres services » pour les distinguer du transport de marchandises et des voyages (essentiellement tourisme). Ces services constituent désormais plus de la moitié des échanges du secteur tertiaire. Leur croissance est largement supérieure à celle des échanges internationaux : + 24 % par an de 1995 à 2007 pour les services d'informatique et d'information, + 16 % pour les services financiers, + 11 % pour les services d'assurance, + 10 % pour les redevances et les droits de licence, les services de communication et les services culturels. »

Source : CEPII, La Lettre du CEPII, *n° 317, décembre 2011.*

En France, l'ensemble des exportations (ou importations) de services marchands représente entre 30 et 35 milliards d'euros (avec des soldes de signe variable selon les années, inférieurs à 3 milliards d'euros), tandis que le total des échanges de biens et services (importations ou exportations) est de l'ordre de 500 milliards d'euros et que nos importations de pétrole ont coûté plus de 50 milliards d'euros en 2011.

Il est donc certes nécessaire de gagner en compétitivité et d'innover dans les services nomades, particulièrement dans ceux dont le commerce croît rapidement : les services d'informatique et d'information, financiers, d'assurance, de communication et culturels. Également, bien sûr, dans le secteur où la France possède un solide avantage comparatif : le tourisme. Mais ce serait insuffisant pour couvrir notre besoin d'importations de produits primaires, en particulier l'énergie, et notre déficit croissant en biens manufacturés.

Le salut est-il dans le luxe, le «*design*» et le «*High Tech*» ?

Sans aller jusqu'à vouloir se spécialiser uniquement dans les exportations de « bonnes idées », la stratégie dite de Lisbonne, adoptée par les États membres de l'Union européenne en mars 2000, proposait que les pays européens développent leur économie dans les dix prochaines années en se fondant sur les « industries de la connaissance », (biotechnologies, informatique, communication, conception, culture…) dont le périmètre est plus large que celui des seuls « services exportables à haute valeur ajoutée ». Exceller dans ces industries est certes indispensable pour conserver son rang parmi les pays les plus riches, mais exporter ces produits sera-t-il suffisant pour permettre d'importer tout ce dont la France a besoin ? Une étude du McKinsey Global Institute montre clairement que cela ne sera pas le cas (*cf.* encadré). Se spécialiser uniquement dans le « *High Tech* » (*High Technology*, haute technologie) et les marques n'est donc pas plus une solution que de se focaliser exclusivement sur les « idées ».

Le *High Tech* et les marques dans l'industrie française

Une étude de 2011 du *McKinsey Global Institute* décompose les emplois dans l'industrie américaine, allemande, britannique, française, suédoise, en cinq grandes familles.

Les grands secteurs industriels en France, Allemagne, Italie, Suède et aux États-Unis (en %)

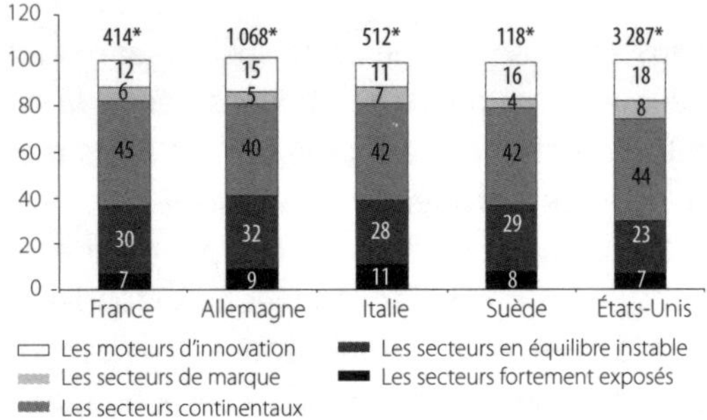

* Valeur ajoutée, en milliards de dollars, 2008.

Source : World Industry Service Navigator by Global Insight, analyse McKinsey.

1) Les secteurs « moteurs d'innovation » (aéronautique, énergie, pharmacie, électronique) ne représentent que 12 % de la valeur ajoutée industrielle en France, 15 % en Allemagne, 18 % aux États-Unis.

2) Si l'on ajoute les secteurs dits de « marque » (mode, luxe, parfum, produits du terroir, etc.), cela représente 18 % de la valeur ajoutée industrielle en France, mais 26 % aux États Unis.

Ces deux premiers secteurs sont fortement exportateurs dans ces cinq pays.

3) Viennent ensuite les secteurs dits « continentaux » (bois, papier, ciment, chimie, matériaux de construction). Ce sont des secteurs certes industriels, mais on l'a vu, sédentaires ou qui exportent peu. Ils représentent entre 40 et 45 % de la valeur ajoutée industrielle dans les cinq pays étudiés.

4) Les secteurs « en équilibre instable » (automobile, mécanique, acier) représentent encore 30 % de valeur ajoutée industrielle en France.

5) Enfin, les secteurs «fortement exposés» à la concurrence internationale (textiles, habillement, jouets, équipement des ménages, chantiers navals) ne représentent plus que 7% de valeur ajoutée industrielle en France.

Si ces deux derniers secteurs, totalisant 37% de la valeur ajoutée industrielle en France, venaient à s'effondrer, les secteurs «moteurs d'innovation» et de «marque» devraient connaître une croissance au moins deux fois plus rapide que le déclin des secteurs exposés, pour que leurs exportations suffisent à compenser l'effondrement des premiers.

Ce scénario est peu vraisemblable, comme en témoigne le graphique suivant : en France, depuis 2001, la part des secteurs 1 et 2 dans l'emploi industriel ne fait que se maintenir, tandis que s'érode le nombre des emplois dans les secteurs 4 et 5.

Des secteurs inégalement touchés par la décroissance de l'emploi (en %, France, 2001-2009)

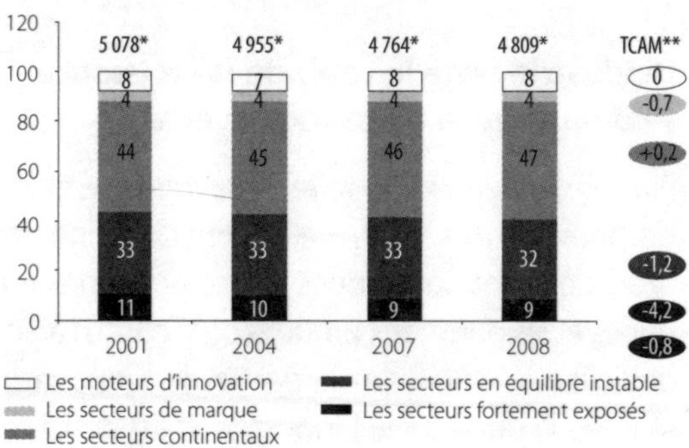

* Nombre d'emplois en milliers d'ETP (équivalent temps plein).
** TCAM : taux de croissance annuel moyen.

Il n'existe plus de bastions inexpugnables

De plus, une division du travail entre les pays concepteurs intellectuels et les pays fabricants laborieux, ou entre les nations « *High Tech* + Champagne » et celles « *Low Tech* » ne peut être pérenne. Les pays émergents, au sein desquels l'industrie se développe rapidement, investissent dans leur système d'enseignement et de recherche et deviennent vite innovants. Le Japon, les « tigres asiatiques » (Corée du Sud, Taiwan, Hong-Kong, Singapour) et maintenant la Chine, qui se sont d'abord développés grâce à des technologies importées, ont promptement construit leurs propres capacités de recherche et de formation.

La Chine, le Brésil, puis l'Inde et les autres grands pays émergents n'auront bientôt plus besoin de nous pour innover et concevoir d'excellents produits.

L'industrie reste le cœur de la croissance, y compris de la croissance « verte »

Plus généralement, le faire, le savoir-faire et le savoir ne peuvent pas, à terme, rester déconnectés : les procédés sont développés et perfectionnés près des usines et les nouveaux produits sont conçus au contact des clients. Une grande partie de l'innovation est réalisée là où se situe l'industrie. Il est difficile, sinon impossible, de rester de bons innovateurs si l'on ne sait plus rien fabriquer.

Le « *hardware* » est indissociable du « *software* ». Les activités industrielles, au sens large, reposent sur la coordination en réseaux d'acteurs nombreux (sous-traitants, prestataires de services), de chaînes de valeur complexes, de compétences multiples où le retour d'expérience et l'innovation « incrémentale » jouent un rôle essentiel. Elles sont constituées de la coordination d'activités productives de biens, donc industrielles au sens strict, mais aussi de services. De ce point de vue, sont industrielles la production d'avions, mais également le cinéma, le jeu vidéo, la finance (on parle « d'industrie de la finance » et « d'ingénieurs financiers »). C'est un système. Dans un tel système, la perte des chaînes de « *hardware* » innovantes entraîne en général celle du reste.

En d'autres termes, l'innovation dans les services dépend étroitement de celle dans les biens d'équipement, car il n'existe pas de fourniture de services qui ne s'appuie sur une base matérielle en transformation permanente. Dans le secteur de la santé, par exemple, pour opérer un malade, on a certes besoin des talents du chirurgien, de l'anesthésiste et des infirmiers – qui peuvent être considérés comme de talentueux « artisans », prestataires de « services de santé » à la personne –, mais aussi de matériel médical et de médicaments, biens « industriels » qui font l'objet d'une innovation technique continue. Quand on passe une semaine de vacances dans un club, on achète un « service », mais on utilise aussi des biens matériels (un avion, des véhicules, des ordinateurs, des skis nautiques, etc.). Un abonnement à Internet suppose pour fonctionner l'existence de réseaux de câbles en cuivre et en fibre optique, ainsi que des ordinateurs pour faire circuler les données. Même si statistiquement sa part dans l'emploi et la valeur ajoutée diminue, l'industrie reste donc au cœur de la croissance.

C'est vrai en particulier dans le domaine de la « croissance verte », dont l'Europe (mais aussi la Chine) se verrait bien prendre le leadership mondial. Soucieuse de préserver le capital naturel, la croissance verte repose pour l'essentiel sur l'industrie, ou plutôt un ensemble d'industries et de services étroitement associés. C'est le cas de la production d'énergies renouvelables (solaire, éolien) ou non carbonées (nucléaire), des véhicules électriques et des transports collectifs urbains, de la rénovation thermique des bâtiments existants et de la construction de bâtiments autonomes en énergie.

En conclusion, une « société post-industrielle », d'une part connaîtrait une croissance « molle », puisque l'industrie reste au cœur de l'innovation et de la croissance, d'autre part aurait une balance commerciale durablement déficitaire et s'endetterait vis-à-vis du reste du monde, jusqu'à la banqueroute finale.

Des nomades très riches, mais peu nombreux, et une masse de sédentaires paupérisés ?

Imaginons cependant qu'un pays parvienne à équilibrer ses échanges uniquement avec des services à haute valeur ajoutée, des produits de luxe et quelques biens de très haute technologie. La population des créateurs de biens et services nomades (les innovateurs, les créatifs, les armateurs, les *traders* ou les réalisateurs et producteurs de films...), qui assurerait un solde commercial équilibré, serait ainsi peu nombreuse et très qualifiée (nous les appelons les « nomades » dans ce qui suit, par extension du fait que ce sont leurs productions qui le sont et même s'ils ne quittent pas les quartiers riches de la capitale). Les producteurs de biens et services locaux sédentaires (que nous nommons les « sédentaires »), quant à eux, devraient vendre à « leurs nomades » locaux de quoi payer les produits nomades – en partie importés – qu'ils consomment. Or le volume de biens sédentaires dont ont besoin les « nomades » d'un pays est nécessairement limité. Une société composée d'un petit groupe de « nomades » très qualifiés, toujours moins nombreux mais de plus en plus riches car compétitifs dans l'économie globale, et d'une importante masse croissante de « sédentaires » cantonnés à la fourniture de biens et services locaux aux premiers (et à eux-mêmes) serait par conséquent de plus en plus inégalitaire, ce qui finit toujours par avoir un coût et par entraver l'innovation et la compétitivité.

Cette tendance s'affirme cependant dans la plupart des pays développés, même dans ceux qui, comme l'Allemagne, conservent une industrie capable de dégager des excédents extérieurs. Des travaux récents (P.-N. Giraud, *La Mondialisation. Émergences et fragmentations*, Éditions Sciences humaines, réédition mai 2012) illustrent ce mouvement. Même en Allemagne, le nombre relatif des « nomades » diminue par rapport à celui des « sédentaires », et ils s'enrichissent plus vite que ces derniers. En conséquence, l'inégalité entre les deux groupes s'accroît (*cf.* encadré).

Nomades et sédentaires en France et en Allemagne : les évolutions en cours

La comptabilité nationale ne fournit pas directement le nombre des emplois nomades et sédentaires d'un territoire. Dans les calculs présentés par le tableau ci-dessous, est considéré comme nomade un secteur dont l'ouverture au commerce international (classiquement mesurée par le ratio « exportations + importations/2 x valeur ajoutée ») est supérieure à 12 %. Pour l'essentiel, il s'agit des secteurs de l'industrie manufacturière, auxquels s'ajoutent l'agriculture, la forêt et la pêche. Ces chiffres minorent, par conséquent, le nombre d'emplois nomades. N'y sont pas comptés, par exemple, les emplois liés au tourisme dans l'hôtellerie, ni dans les autres services exportables. Rappelons cependant que les services ne représentent que 20 % des exportations mondiales et que les exportations de services de la France, qui sont de l'ordre de 35 milliards d'euros, ne représentent pas plus de 3 % de la valeur ajoutée du secteur. Il est, de toute façon, en soi très significatif de constater les évolutions dans ces secteurs « nomades » par excellence que sont les secteurs agricoles et industriels produisant des biens et services exportables (hors bâtiment, travaux publics, production et fourniture d'électricité, d'eau, etc., qui sont des secteurs industriels « sédentaires »).

Les chiffres du tableau de la page suivante donnent une image impressionnante de la « désindustrialisation » de la France, mais aussi, contrairement à une idée reçue, de l'Allemagne. Certes, l'Allemagne comptait en 1991, et conservait en 2007-2008, nettement plus d'emplois nomades agricoles et industriels (en pourcentage) que la France. Mais le rythme d'érosion de ces emplois est le même dans les deux pays. En respectivement vingt-six et vingt-sept années, les deux pays ont perdu 30 % de leurs emplois nomades. Ils ne représentent plus que 15 % du total des emplois en France, mais 21 % en Allemagne.

Dans les deux pays, un important « déversement » des emplois du secteur nomade dans le secteur sédentaire a donc eu lieu, particulièrement en France où l'emploi total a plus augmenté qu'en Allemagne (+ 12 % contre + 4 %).

Une estimation des emplois nomades et sédentaires en France et en Allemagne

France	1991	2007	Évolution 2007/1991
Emplois			
Nomades	**5 560 410**	**3 904 819**	**-30 %**
Sédentaires	17 302 474	21 800 626	+26 %
Total	22 862 884	25 705 445	+12 %
Nomades/Total	**24 %**	**15 %**	**-38 %**
Salaire moyen en euros			
Nomades	15 219	27 977	+84 %
Sédentaires	18 336	28 129	+53 %
Nomades/ Sédentaires en %	**83 %**	**99 %**	**+19 %**

Allemagne	1991	2008	Évolution 2008/1991
Emplois			
Nomades	**12 171 000**	**8 535 000**	**-30 %**
Sédentaires	26 450 000	31 741 000	+20 %
Total	38 621 000	40 276 000	+4 %
Nomades/Total	**32 %**	**21 %**	**-33 %**
Salaire moyen en euros			
Nomades	19 554	33 346	+71 %
Sédentaires	17 134	22 336	+30 %
Nomades/ Sédentaires en %	**114 %**	**149 %**	**+31 %**

Source : OCDE, Stan Data Base. Traitement : Pierre-Noël Giraud et Franck Lirzin.

Il apparaît aussi clairement que les « nomades » d'Allemagne réussissent à se vendre nettement mieux sur le marché mondial que les Français (33,3 k€/an contre 28 k€/an en moyenne en 2007-2008), et de plus en plus cher : en vingt-sept ans, le ratio des salaires moyens entre nomades et sédentaires a augmenté de 19 % en France contre 31 % en Allemagne. La baisse du nombre relatif de nomades a donc eu pour conséquence que l'inégalité entre nomades et sédentaires s'est accrue dans les deux pays, particulièrement en Allemagne.

On vérifie enfin que les salaires des emplois nomades (et des sédentaires) ont augmenté plus vite en France qu'en Allemagne sur la période, ce qui pose à la France des problèmes de compétitivité relative par rapport à l'Allemagne.

En conclusion, seuls de tout petits territoires, dotés d'un bon *hinterland* (c'est-à-dire de grands voisins qui achètent massivement leurs services nomades), parviennent à vivre « hors sol industriel » (Singapour, Luxembourg, Monaco, le Vatican). Ou alors, l'autre scénario est celui d'un développement « à l'indienne », par îlots de nomades performants et riches plongés dans un océan de pauvreté, au risque de détruire la cohésion sociale. C'est un devenir possible pour les États-Unis (*cf.* chapitre suivant).

Préserver son patrimoine technique et son capital humain

L'industrie se développe grâce à un territoire fertile (main-d'œuvre qualifiée, organismes de formation, capacité d'innovation, infrastructures matérielles et immatérielles, institutions efficaces et respectées, confiance) qu'elle contribue à entretenir. Laisser disparaître l'industrie et tout le système qu'elle irrigue entraînerait la perte d'un capital humain et social longuement accumulé. Si cette perte n'est pas en théorie irréversible, ce capital sera très long et coûteux à reconstituer, lorsque les conditions de la compétition internationale auront changé et justifieront à nouveau la présence de cette industrie en Europe.

En effet, pour des raisons déjà évoquées, les pays émergents s'orienteront à terme vers un développement plus autocentré : ils disposent des marchés les plus dynamiques et ils maîtriseront les compétences et technologies nécessaires. Nous vendre leurs produits sera moins intéressant pour eux et de surcroît moins facile, puisqu'entre temps leur enrichissement aura émoussé leur avantage de coût. Il sera alors possible à la France de relancer son outil de production… si toutefois elle a su le préserver.

La situation actuelle de la France est comparable à celle de ces entreprises qui, face à une chute de leurs commandes, ont le choix entre deux solutions : soit tenter de conserver leur personnel pour être prêtes à redémarrer à la première embellie, soit réduire leurs coûts par un plan social mais risquer de se trouver hors d'état de répondre à la demande le jour où celle-ci repart.

En laissant dépérir son tissu industriel, la France, comme aujourd'hui la Grèce, sera un pays en « redéveloppement ». Si elle parvient à le préserver, à l'aider à traverser la crise, à accompagner ses mutations, à former la main-d'œuvre pour faciliter les redéploiements nécessaires, elle pourra rebondir.

Puisqu'un État ne peut durablement s'endetter, et qu'un pays sans matières premières ni sources d'énergie disponibles en quantité suffisante ne peut pas asseoir sa prospérité sur les seuls services, évitons de passer de l'illusion post-industrielle à une régression pré-industrielle.

Chapitre 5

Que font donc les autres ?

En France, on ne cesse de parler du modèle allemand. Or, un modèle ne s'imite pas facilement. C'est un ensemble de choix locaux qui font système, reposant sur une histoire spécifique longue, aboutissant à la construction d'un capital physique, humain, social et culturel particulier (atouts et handicaps), et aussi sur des orientations qui permettent de tirer parti de celui-ci et de surmonter ses manques. En revanche, l'étude d'un modèle permet de repérer des pratiques sources de réflexion. Il est ainsi nécessaire de passer de la tentation d'une imitation superstitieuse à une adaptation réfléchie et négociée.

États-Unis : des « nomades » de plus en plus riches

Au sein des grands pays riches, les États-Unis se caractérisent par la plus forte augmentation des inégalités sous l'effet de la globalisation. Le rapport du revenu moyen des 10 % les plus riches à celui des 10 % les plus pauvres est de 5, alors qu'il n'est que de 1,34 en Suède, record du monde de l'égalité. Pratiquement tous les fruits de la croissance des trente dernières années ont été captés par les plus riches, les revenus de plus de la moitié de la population stagnant, et même régressant pour les plus pauvres. Un système fiscal de moins en moins redistributif a encore aggravé cette situation.

La raison de fond en est la rapide désindustrialisation des États-Unis. La part des détenteurs d'emplois nomades dans la population active a beaucoup diminué, mais ceux-ci sont devenus de plus en plus riches, car ils ont pris la tête de la révolution des technologies de l'information et de la communication (TICs), des biotechnologies, des nanotechnologies et de la finance. Le territoire des États-Unis concentre des « nomades » particulièrement performants dans l'économie globale. Et cette situation n'est pas près de changer, car ce pays attire les meilleurs étudiants du monde entier dans son système de formation, puis dans ses centres de recherche et ses entreprises « *high tech* ». On a vu au chapitre 4, dans l'encadré « Le *High Tech* et les marques dans l'industrie française », selon McKinsey, l'importance relative des secteurs « moteurs d'innovation » et des « industries de marque » aux États-Unis : 28 % contre 18 % en France. C'est une de leurs forces essentielles.

Une autre est le soutien puissant et efficace de l'administration fédérale, qui, en matière scientifique, technologique et industrielle, est fort loin d'être « libérale ». Elle pratique en effet un protectionnisme ouvert, en particulier en s'opposant à des acquisitions étrangères dans les secteurs jugés à discrétion « stratégiques ». Elle aide la recherche et le développement par le biais de contrats militaires (internet à ses débuts a été financé sur crédits militaires). Les États-Unis ont sans le dire une politique industrielle moderne, à l'instar de leur grand rival, la Chine.

Cependant, ces « nomades » performants sont plongés dans une masse croissante de détenteurs d'emplois sédentaires qui tendent à s'appauvrir, au moins relativement, et pour beaucoup, dans l'absolu. Les nouvelles générations de pauvres sont encore plus pauvres que celles qui les précèdent. Ce genre de développement « par îlots » de prospérité dans un océan de pauvreté ressemble à celui de l'Inde. Ainsi, une mégapole comme Mumbai (Bombay), siège de plusieurs firmes globales indiennes dont Tata, compte officiellement 50 % d'habitants résidant en bidonvilles, un pourcentage qui ne décroît pas.

La paix civile aux États-Unis supportera-t-elle longtemps ce type d'évolution ? Ce n'est nullement exclu, étant donné l'individualisme qui domine dans cette culture d'immigrants. Mais en serait-il de même en Europe, en France ou en Suède ?

Chine : retrouver la prééminence historique de « l'Empire du Milieu »

La Chine n'est certainement pas un modèle dont la France devrait imiter certains « sous-systèmes ». Mais son analyse devrait l'aider à être mieux instruite pour négocier avec elle, ce qui s'impose dans tous les domaines. C'est là un bon usage de l'étude des modèles étrangers.

L'unique objectif de la Chine est de rattraper les pays riches et de retrouver la place qu'occupait le multiséculaire « Empire du Milieu ». De façon très pragmatique, en procédant selon leur méthode habituelle d'expériences isolées, attentivement observées, puis généralisées (comme celui de la célèbre ville de Shenzhen), les dirigeants chinois ont choisi une stratégie d'exportation de biens industriels pour attirer, avec la promesse supplémentaire d'accéder à leur « immense marché intérieur », les investissements directs des firmes globales, qui s'y sont toutes précipitées.

Puis, ils ont organisé un transfert massif de technologies et de savoir-faire vers leurs propres entreprises, publiques pour l'essentiel. Ils ont alors provoqué un puissant mouvement de concentration et de rationalisation des entreprises publiques, en favorisant par secteur trois firmes en concurrence féroce entre elles, « à la japonaise ». La meilleure d'entre elles est ensuite autorisée à partir à l'assaut du marché mondial, d'abord pour approvisionner la Chine en matières premières, puis pour délocaliser en Asie, et déjà en Afrique, les segments les plus intensifs en main-d'œuvre de leur industrie manufacturière, comme les pays riches l'ont fait il y a trente ans en Chine. Quant au secteur privé, largement aux mains de membres importants du parti communiste, il se développe rapidement à coté du secteur public, plutôt qu'en concurrence avec lui.

La Chine n'est désormais plus un « pays en développement » contrairement à ce que continuent de soutenir ses dirigeants. Ses entreprises se situent déjà, ou presque, à la frontière technologique. Par ailleurs, c'est un pays où l'État applique une stratégie et une politique industrielles de long terme tout entière tendue vers le but visé.

Le gouvernement affirme maintenant vouloir recentrer l'économie sur son marché intérieur, et donc exporter moins et importer plus, voire passer en déficit commercial et vivre en partie de ses placements financiers à l'étranger. Ce sera une très bonne chose pour l'industrie européenne et française ! Si cette dernière est encore en mesure d'y répondre, c'est-à-dire s'il en reste…

Allemagne : une politique d'offre rigoureuse

L'Allemagne se considérait il y a dix ans comme « l'homme malade de l'Europe » (*cf.* la synthèse de Jacqueline Hénard pour La Fabrique de l'industrie, *L'Allemagne : un modèle, mais pour qui ?*, Presses des Mines, 2012). Elle avait payé cher sa réunification de 1990 : l'ancienne RDA restait à la traîne, le pays comptait alors plus de 5 millions de chômeurs et devait se préparer au vieillissement de sa population, avec un taux de natalité de 1,3 enfant par femme.

En 1998, le chancelier Helmut Kohl avait laissé sa place à Gerhard Schröder, non sans qu'un « conseil des sages » ait appelé au renforcement d'une politique de l'offre cohérente et à des réformes structurelles. Votées dans un assez large consensus, les « lois Hartz », entrées en vigueur entre 2003 et 2005, ont réformé l'État social et rendu les produits allemands plus compétitifs au détriment de la demande intérieure, faisant de l'Allemagne le seul pays anciennement développé qui a augmenté sa part des exportations mondiales (de 8 à 8,8 % durant la première décennie du siècle).

Cette mutation n'a pas été indolore et a probablement eu pour conséquence l'échec électoral de Gerhard Schröder en 2005. Les lois Hartz, en durcissant les conditions d'indemnisation du chômage, ont provoqué la multiplication d'emplois « atypiques » (précaires et sous-payés) et de travailleurs pauvres (en 2010, 7,1 % des actifs gagnaient moins de 940 euros par mois, 7,3 millions de personnes travaillaient pour moins de 9,26 euros bruts de l'heure).

Mais si l'Allemagne a pu, sans crise majeure, prendre des décisions aussi difficiles, voire impopulaires, pour faire face à des difficultés momentanées, elle le doit à une culture du dialogue et une foi dans son modèle dont les racines sont plus lointaines.

Le capitalisme familial patient du *Mittelstand*

En Allemagne, après 1945, les *Konzern*, grands groupes industriels, trop impliqués dans l'économie de guerre, sont dissous et la politique économique est largement placée sous la responsabilité des *Länder*. Deux d'entre eux, le Bade-Wurtemberg et la Bavière agricole, bénéficient du transfert à l'Ouest des fleurons du bassin industriel prussien. Les *Länder* se dotent d'institutions comme les caisses d'épargne et des organismes de crédit coopératif.

L'économie de marché sociale est promue par Ludwig Erhard, ministre fédéral de l'économie de 1949 à 1963, puis chancelier fédéral jusqu'en 1966. Le parti socialiste allemand s'y rallie dès le congrès de Bad Godesberg en 1959 et renonce à la lutte des classes. Ces conditions favorisent le développement du *Mittelstand* allemand. Selon les sources, ce concept désigne tantôt :

– les petites ou moyennes entreprises (PME) ou entreprises de taille intermédiaire (ETI) familiales de moins de 500 salariés et dont le chiffre d'affaires est inférieur à 50 millions d'euros (définition de l'institut pour la recherche sur le *Mittelstand* de Bonn) ;

– l'ensemble des entreprises familiales, dont les 572 premières représentent 11 % de l'économie allemande (quatre figurent parmi les 30 principales valeurs du marché boursier allemand) ;

– le *Mittelstand* de classe supérieure qui correspond à nos ETI familiales ;

– les « champions cachés », plus de 1 000 entreprises contrôlées par des familles mais souvent gérées par des dirigeants externes, figurant parmi les trois leaders mondiaux de leur secteur, se concentrant sur leur excellence opérationnelle, et souvent peu connues du grand public car centrées sur des secteurs B2B (commerce interentreprises).

Cette appellation ambiguë désigne donc un groupe d'entreprises caractérisées par une gouvernance orientée vers le long terme, souvent liée au contrôle familial de ces sociétés. *Mittelstand* signifie « classe moyenne (indépendante) » et correspond à l'ascension sociale, dès la fin du XIXe siècle, d'une classe de bourgeois propriétaires. Une culture artisanale de la « perfection du banal » conduit à une recherche permanente de perfectionnement des procédés et de l'excellence opérationnelle, ainsi qu'à des stratégies concentrées sur l'identification des freins à la croissance. Ce capitalisme patient est propice à l'effort d'innovation et investit fortement dans la formation de ses employés.

(d'après Dorothée Kohler et Jean-Daniel Weisz, Pour un nouveau regard sur le *Mittelstand, La Documentation française, 2012).*

Les trois ingrédients du succès allemand, selon la confédération patronale allemande (Bundesverband der Deutschen Industrie – BDI), sont la spécialisation industrielle dans les biens d'équipement dont les économies en forte croissance comme la Chine ont besoin ; la qualité des produits et des services qui leur sont associés ainsi que leur caractère innovant et haut de gamme ; et, enfin, l'énergie que déploient les entreprises, même de petite taille, pour chercher à exporter. On peut ajouter à cette liste l'importance des concertations et coopérations au sein des fédérations industrielles, comme au niveau des territoires, et l'habitude du dialogue, aussi bien au sein de l'administration (les fédérations industrielles et syndicales sont consultées par les pouvoirs publics locaux et fédéraux) qu'au sein des entreprises et des branches industrielles.

Pendant la crise économique de 2007, la culture de négociation au niveau des branches et des entreprises a permis à beaucoup de sociétés allemandes d'avoir recours au chômage partiel pour éviter de licencier, et ainsi conserver les compétences collectives nécessaires pour rebondir dès que la conjoncture l'a rendu possible.

Préoccupée par le vieillissement de sa population, l'Allemagne accumule les excédents commerciaux qui sont autant de créances sur des économies plus dynamiques… à condition que ses débiteurs investissent dans leur développement et restent solvables.

Suède : la social-démocratie décomplexée

Les pays scandinaves sont, avec le Canada, ceux qui ont le mieux su préserver leur base industrielle. Entre 1972 et 2007, le poids relatif de l'industrie dans le PIB n'a diminué que de 8 % au Canada et d'un quart en Suède, alors qu'il chutait de moitié au Royaume-Uni, de 43 % aux États-Unis et en France, d'un tiers en Allemagne ou au Japon.

Malgré leur proximité géographique et culturelle, les trajectoires des pays scandinaves sont diverses. Le Danemark était un pays très agricole. La Norvège est riche de ses revenus pétroliers. Les performances de la Finlande sont difficiles à dissocier des aventures et mésaventures de Nokia.

La Suède, de la social-démocratie libérale à la gestion rigoureuse de l'État-providence

La Suède a une longue tradition industrielle et s'est développée beaucoup plus vite que le reste des pays avancés entre 1870 et 1950. Épargnée, voire enrichie, par sa neutralité au cours de la Seconde Guerre mondiale, elle explore dans les années 1950 une troisième voie entre capitalisme libéral et communisme. Au début des années 1970, la société suédoise, riche et égalitaire, cumule un des plus hauts PIB par habitant de la planète avec un très haut niveau de protection sociale et de service public, tandis que le reste du monde croit devoir choisir entre un enrichissement accompagné d'importantes inégalités (qui toutefois se résorbent pendant les Trente Glorieuses) et l'égalitarisme dans la pauvreté.

En 1969, une grève dure des mineurs met en cause la représentativité du syndicat ouvrier unique et du parti socialiste qui lui est très lié. Le consensus qui avait permis d'allier croissance économique, modération salariale et prestations sociales généreuses s'effrite. La hiérarchie des salaires est écrasée, la performance ou les responsabilités ne permettent plus d'améliorer substantiellement sa rémunération. Le secteur privé stagne et la politique de plein emploi conduit à multiplier les embauches dans le secteur public au détriment de la productivité de l'économie. Entre 1970 et 1985, le nombre de fonctionnaires passe ainsi de 25,8 % à 38,2 % de l'emploi total.

Alors qu'après plusieurs dévaluations de la couronne (monnaie suédoise), l'État entreprend, dès les années 1980, le redressement des finances publiques, il faut pourtant attendre la crise de 1991 pour que la Suède décide de privilégier l'équilibre budgétaire à la multiplication des services publics destinés à fournir un emploi au plus grand nombre. Le taux de chômage passe alors de 2 % à 10 % en deux ans (il oscille aujourd'hui entre 6 % et 8 %). Le nouveau système d'assurance chômage est moins généreux, instaurant une diminution des allocations en cas de refus d'un emploi convenable. Mais une politique active de l'emploi (formation, accompagnement du chercheur d'emploi) permet de limiter le chômage de longue durée (moins de 20 % des chômeurs suédois contre 40 % en France et dans le reste de l'Europe, et même près de 50 % en Allemagne).

La Suède reste aujourd'hui un des pays les plus égalitaires de l'OCDE, avec le reste de la Scandinavie et les Pays-Bas, alors que les inégalités se sont fortement accrues au Royaume-Uni, en Italie et en Allemagne. L'écart entre les premier et dernier déciles (c'est-à-dire les 10 % les plus riches de la population et les 10 % les plus pauvres) est de 34 % en Suède, 210 % au Royaume-Uni et 490 % aux États-Unis.

Sur le plan économique, la Suède présente des performances très enviables, tant en termes de croissance que d'excédents commerciaux, d'innovation et de maîtrise des finances publiques, de compétitivité et de PIB par habitant. Le pays se place devant l'Allemagne sur tous ces critères, ne lui laissant de peu le leadership que sur le poids de l'industrie dans le PIB (22,4 % en Allemagne contre 19,3 % en Suède, et 12,5 % en France). Même si le système est un peu moins protecteur que dans les années 1970, il se maintient au niveau des meilleurs standards occidentaux.

Au risque de simplifier outrageusement l'analyse, on pourrait dire que la Suède a d'abord construit pendant trente ans (1950-1980) un système de protection sociale et de services publics très efficace – assurant la prise en charge du citoyen du berceau à la tombe, l'accès à un système d'éducation et de soins de grande qualité, des possibilités de promotion socioprofessionnelle pour tous –, puis a rendu ce système efficient dans les trente années qui ont suivi.

Les performances suédoises en 2011

	Suède	Allemagne	France	UE
Croissance annuelle du PIB (%)	3,9	3	1,7	1,5
PIB/habitant (classement FMI 2011)	8	19	20	Nd
Compétitivité (classement WEF)	3	5	15	Nd
PIB industriel 2009*	19,3	22,4	12,5	18
Balance commerciale*	5,75	4,8	– 2,33	– 1,26
Dette publique*	38,4	81,2	85,8	82,5
Déficit public*	0,3	– 1	– 5,2	– 4,5
Dépense de R&D*	3,40	2,82	2,25	1,91
TIC (classement Networked Readiness)	1	13	20	Nd
Innovation (classement Insead)	2	15	24	Nd

* En % du PIB.
Sources : OCDE, Usherbrooke, Banque mondiale, Eurostat, La Fabrique de l'industrie.

Si la Suède est capable d'engager des réformes profondes sans blocage social, c'est que celles-ci sont à chaque fois préparées par une longue période d'expertise, de débats, de concertation et de négociation.

Par exemple, le processus conduisant à la grande réforme fiscale de 1991 a été initié par des discussions et des rapports d'experts dès 1984. La réforme a été annoncée en 1986. Trois commissions ont été nommées qui, après de nombreuses tractations, ont rendu un rapport en juin 1989. Après un sommet réunissant notamment tous les chefs de parti et des représentants des partenaires sociaux en octobre 1989, un consensus sur les grandes lignes de la réforme a été obtenu. Celle-ci a ensuite été mise en place comme prévu, malgré deux changements de majorité gouvernementale.

La grande transparence de la procédure budgétaire et du contrôle des administrations, une très large décentralisation – confiant aux 290 communes la gestion des services sociaux et de l'éducation et aux 20 comtés celle de la santé et des infrastructures – font qu'en dépit du poids de la fiscalité, les Suédois acceptent l'impôt.

Pour favoriser le plein emploi et amorcer la transition énergétique, la Suède a allégé les charges pesant sur le travail, réduit les impôts sur les sociétés, mis en place une fiscalité écologique, qui ménage la compétitivité des entreprises mais qui pèse sur le consommateur final. Ainsi, la taxe carbone croissante représentait, en 2007, 108 euros/tonne pour les particuliers, les entreprises payaient 21 % de ce taux (mais ce pourcentage devrait monter progressivement à 60 % d'ici 2015) et celles soumises au marché européen des quotas, 15 %. Tous les revenus du travail ou du capital sont taxés à 30 % presque dès la première couronne, avec une progressivité qui conduit à une tranche marginale à environ 55 % au-delà de 64 000 euros par an (taux variant un peu d'un comté et d'une commune à l'autre, du fait de l'autonomie fiscale des collectivités).

Même s'il n'est pas possible d'établir une corrélation certaine avec la croissance économique, rappelons que la Suède est un des pays où la dépense de R&D est la plus élevée (3,4 % du PIB) et qu'elle figure en tête de nombreux classements pour ses capacités d'innovation et la pénétration des technologies de l'information et des télécommunications. Elle a aussi une attitude très volontariste en matière de transition énergétique.

Chapitre 6

Que peuvent faire les industriels ?

L'actualité est riche en débats portant sur les politiques publiques en faveur du redressement industriel et le rôle des pouvoirs publics, mais la prospérité durable de l'industrie dépend avant tout des industriels et de leur environnement direct. Beaucoup des handicaps de l'industrie française peuvent être surmontés par des actions volontaristes au sein des entreprises elles-mêmes. En témoignent les expériences de sociétés qui réussissent très bien en France malgré la crise et des caractéristiques nationales défavorables.

L'indispensable montée en gamme

Le défi de la compétitivité est clair. Il faut faire mieux ou moins cher que ses concurrents (ou les deux) .

Faire mieux, c'est, par exemple, proposer un produit innovant, qui répond mieux aux attentes des consommateurs, voire parfois leur proposer ce qu'ils n'attendaient pas, comme Google avec les moteurs de recherche et indexeurs du web, Apple avec les smartphones, Facebook avec les réseaux sociaux, Cellectis avec la possibilité de « copier-coller » un morceau d'ADN, 3M avec le Post-it, 23andMe avec la carte génétique personnelle disponible pour chaque individu, les dispositifs de navigation utilisant le signal GPS... Cela peut consister aussi à ajouter des services à un produit (l'assurance, le financement, la maintenance d'une voiture ; la livraison de courses à domicile...) ou parfois à concevoir ce produit de telle façon que certains services seront superflus (comme les meubles Ikea conçus pour pouvoir être assemblés par l'utilisateur lui-même). Faire mieux peut aussi passer par la réalisation « sur mesure » et l'adaptation aux besoins spécifiques du client, facilitées par la proximité physique entre le producteur et le consommateur.

Faire moins cher, c'est parfois possible dans les pays où le coût du travail est élevé, notamment lorsque la main-d'œuvre directe – celle qui réalise concrètement le produit – ne représente qu'une part modeste de la valeur ajoutée. Dans beaucoup d'entreprises industrielles, notamment celles qui assemblent de nombreux composants achetés à différents fournisseurs, cette part est effectivement inférieure à 10 %. Or, une organisation efficace de la production et de la distribution peut souvent engendrer des économies plus importantes. Les composants aux fonctionnalités banales seront peut-être achetés à l'étranger, s'il n'y a pas de producteur local compétitif, et leur transport ne coûte pas plus cher que celui des produits assemblés, du moins tant que le pays qui produit le composant ou la matière première n'en limite pas l'exportation, comme l'a fait la Chine pour les « terres rares » (métaux utilisés dans la fabrication de produits de haute technologie). L'achat de services à l'industrie peut être plus pénalisant lorsque ceux-ci doivent être produits localement (comme l'entretien des bâtiments de l'entreprise). Ainsi par exemple, pour les industriels allemands, le moindre coût de la main-d'œuvre dans les services (y compris les services à l'industrie) peut constituer un atout par rapport à leurs homologues français, plus que le coût de la main-d'œuvre de l'industrie, qui est à peu près équivalent.

Monter en gamme par la valeur du produit ou une meilleure maîtrise des coûts de production et de distribution nécessite une main-d'œuvre qualifiée, tant dans l'entreprise que dans son environnement, et un climat de coopération permettant de mobiliser tous les talents.

Le témoignage de Didier Miraton, directeur général de Pierre Fabre, ancien cogérant de Michelin

> «En perfectionnant les procédés, on parvient à réduire fortement les coûts de production. Aujourd'hui, les coûts logistiques intercontinentaux sont tels que produire en Europe, avec des équipements conçus pour être extrêmement flexibles, est compétitif par rapport aux importations, même avec des différences de coûts salariaux importants.»
>
> *Source : Didier Miraton, « Comment Michelin a ouvert son innovation »,* Journal de l'École de Paris du management n° 99.

Former une main-d'œuvre qualifiée

Nous avons vu que les industriels français misent trop peu sur la formation initiale et continue de leurs salariés.

Beaucoup d'entreprises, quelle que soit leur taille, se plaignent de leur difficulté à recruter de bons employés. Elles gagneraient souvent à mieux se faire connaître du grand public et de leur environnement. Par exemple, accueillir des visites de groupes scolaires, des stages d'élèves ou d'enseignants, permet à chacun de connaître et de mieux apprécier la réalité de l'industrie et des débouchés qu'elle offre.

Par ailleurs, les centres de formation professionnelle sont trop souvent éloignés à la fois des centres-villes, des filières d'enseignement général et technique et des entreprises, cumulant ainsi toutes les relégations. Il existe pourtant d'intéressantes exceptions, comme le lycée Airbus à Toulouse ou le lycée des métiers de l'automobile à Montbéliard. L'entreprise Airbus est fortement engagée dans le fonctionnement du premier, ce qui valorise la filière. Ensuite, certains de ses cadres s'impliquent dans la formation. Enfin, l'entreprise forme plus d'élèves que ce que requièrent ses propres besoins, participant ainsi à la montée en gamme des fournisseurs qui embauchent volontiers les diplômés.

Le lycée Airbus de Toulouse : une réussite exceptionnelle

Le lycée Airbus est un lycée professionnel privé des métiers de l'aéronautique, sous contrat avec l'Éducation nationale. Il forme depuis 1949 des agents de fabrication (mécaniciens des systèmes cellule ou des systèmes avioniques, techniciens d'usinage ou de chaudronnerie industrielle), ainsi que des techniciens depuis 2007. Il est installé sur le site de production de Saint-Éloi, forme 400 élèves par an, emploie 38 professeurs, dont 13 de l'Éducation nationale et 25 salariés d'Airbus (dont le directeur). Il est équipé de machines modernes du même type que celles utilisées dans l'usine d'Airbus. Les élèves sont recrutés en fin de troisième après une évaluation des prérequis scolaires, de leur dextérité manuelle et de leur motivation. L'année de terminale et les deux années de brevet de technicien supérieur (BTS) se font en apprentissage (chez Airbus ou dans les entreprises partenaires). Les élèves de BTS passent huit semaines en immersion dans une usine anglaise ou allemande du groupe, mais une sensibilisation interculturelle est organisée dès la classe de première. Au-delà de l'apprentissage d'un métier, de multiples activités sportives et extra-scolaires et un tutorat personnalisé permettent de transmettre des valeurs, des attitudes et les concepts du *lean manufacturing* (techniques de production sans gaspillage de ressources, ou « au plus juste »). Élèves et apprentis partagent la cantine des compagnons (employés d'Airbus). Le lycée obtient 99 % de réussite aux examens. La scolarité est gratuite, financée par la taxe d'apprentissage et des aides de la région, de l'Éducation nationale (salaire des professeurs) et d'Airbus. Le coût assez élevé (compétences, machines et équipements mis à disposition) dissuade toutefois certaines entreprises qui envisagent de transposer cette expérience.

Cette formation satisfait à la fois les élèves, qui s'insèrent facilement dans les entreprises du secteur aéronautique, et l'encadrement d'Airbus. 95 % des élèves étaient jadis embauchés par Airbus, mais depuis quelques années, le lycée les encourage à travailler aussi chez les sous-traitants. Il participe ainsi à la montée en qualification de l'ensemble de la filière.

Nous remercions Thierry Pardessus, directeur de l'innovation chez Airbus, pour les informations collectées pour La Fabrique de l'industrie.

De telles expériences sont encore trop rares en France, mais indiquent une direction prometteuse. Alors qu'en Allemagne, des entreprises comme Volkswagen créent des centres de formation internes, voient comme un privilège de pouvoir proposer un emploi aux meilleurs et de laisser les autres travailler chez leurs fournisseurs, voire chez leurs concurrents, les employeurs français cherchent à mettre en place des systèmes de compensation lorsqu'une entreprise a contribué à la formation d'un étudiant qui choisit ensuite de travailler chez un concurrent (*cf.* « Un nouveau pacte social pour une industrie compétitive », UIMM, février 2012).

La formation par l'apprentissage peut également être développée. Aujourd'hui, 40 % d'une classe d'âge passe par cette voie en Allemagne, contre seulement 6 % en France.

En prenant exemple sur leurs consœurs suisses ou allemandes, les entreprises françaises peuvent aussi s'impliquer beaucoup plus pour offrir des opportunités de formation et de promotion à leurs ouvriers et à leurs techniciens. D'une part, ceci permettrait à une partie de l'encadrement de mieux connaître les métiers de l'entreprise et ses processus de production. D'autre part, cela contribuerait à mettre en place une meilleure cohésion au sein de l'entreprise. Poursuivie avec constance, une telle politique confère à l'entreprise une plus grande attractivité. En effet, savoir qu'on peut entrer au bas de l'échelle d'une société et y faire carrière est un élément très positif pour attirer les jeunes.

Une main-d'œuvre directe plus motivée, une partie de l'encadrement plus au fait des contraintes de la production et plus proche des opérateurs permettent, par ailleurs, une plus grande délégation des tâches et un moindre contrôle des employés par la hiérarchie, donc à terme une réduction du ratio d'encadrement et une meilleure rentabilité.

Cette implication beaucoup plus importante de l'entreprise dans la formation est d'autant plus nécessaire que la montée en gamme de l'industrie amplifiera la destruction massive d'emplois faiblement qualifiés et le besoin croissant de travail qualifié. Une étude prospective du McKinsey Global Institute (*L'emploi en France 2020, cinq priorités d'action d'ici 2020*, mai 2012) indique que le plein emploi est possible en France en 2020, mais qu'il manquera environ 2,2 millions de travailleurs qualifiés (bac et plus), tandis que 2,3 millions de travailleurs trop peu qualifiés (en deçà du bac) auront du mal à trouver du travail. C'est un défi immense pour notre système public d'éducation et d'enseignement supérieur.

Promouvoir un dialogue social constructif

La qualité du dialogue social dépend à la fois des employeurs et des employés, ou de leurs représentants. Les industriels français font face à des syndicats morcelés, à la représentativité discutée, quand leurs homologues allemands ou suédois dialoguent avec un syndicat national de branche, puissant et organisé, soucieux à la fois de la croissance des entreprises et d'une répartition des richesses créées favorable aux employés.

On constate pourtant que, dans le contexte français, certaines entreprises ont su promouvoir un dialogue social constructif. Cela peut être dû à une représentation des salariés dans leur actionnariat et au sein de leurs instances de gouvernance comme chez Essilor.

Le rapport Gallois, *Pacte pour la compétitivité de l'industrie française* (2012), propose que les grandes entreprises mettent en place une *Mitbestimmung* (codétermination) à l'allemande, consistant à faire entrer des salariés dans leurs conseils d'administration. L'expérience de la SNCF, qui jouit déjà de ce dispositif, montre que les représentants exercent leur mandat avec une totale loyauté et observent la même discrétion que les autres administrateurs à propos des débats confidentiels des instances de gouvernance de l'entreprise.

Au niveau des branches et des entreprises, ou à l'échelle nationale, représentants des employeurs et des syndicats d'employés devraient négocier le nécessaire *aggiornamento* d'un pacte social établi à la Libération et devenu inadapté. Il est judicieux de trouver des marges de flexibilité pour qu'une entreprise en sous-charge puisse éviter de licencier si son activité présente de bonnes perspectives à terme. Dans ce contexte, l'accord du 11 janvier 2013 sur la sécurisation de l'emploi propose des avancées importantes (*cf.* encadré). Beaucoup d'entreprises allemandes ont conservé leur personnel pendant la crise et ont ainsi pu rebondir rapidement quand la conjoncture s'est éclaircie. Certaines entreprises françaises ont fait de même, comme Poclain Hydraulics, dans un contexte réglementaire moins favorable, grâce à un accord local avec les salariés.

Vers une flexicurité à la française ?

Qualifié par certains d'historique, l'accord sur la sécurisation de l'emploi, conclu après trois mois de négociation entre les partenaires sociaux le 11 janvier 2013, va modifier le droit du travail. Il octroie à la fois plus de flexibilité aux entreprises et plus de droits aux salariés amenés à changer d'employeur.

Les entreprises ont ainsi la possibilité de négocier des « accords de maintien de l'emploi », permettant pour une durée maximale de deux ans de modifier à la fois les rémunérations et le temps de travail. En échange, l'employeur s'engage à ne pas licencier. Les entreprises bénéficient également d'une plus grande sécurité juridique en cas de licenciement : par exemple, limitation de la durée de recours à deux ans (contre cinq ans aujourd'hui), indemnité forfaitaire calculée en fonction de l'ancienneté permettant de mettre fin au litige.

L'accord offre au salarié un « droit rechargeable à l'assurance chômage ». Ainsi, en cas de reprise d'emploi, le salarié conserve le reliquat de son temps de droit à indemnisation non utilisé. La généralisation de la couverture complémentaire des frais de santé « portable » d'un emploi à l'autre, tout comme les droits à la formation associés aux nouveaux comptes individuels de formation sont aussi prévus. Les contrats à durée déterminée (CDD) sont taxés (c'est-à-dire les cotisations d'assurance chômage de ces contrats sont majorées), tandis que l'embauche d'un jeune de moins de 26 ans en contrat à durée indéterminée (CDI) bénéficie de trois mois d'exonération des charges patronales d'assurance chômage (quatre mois pour les entreprises de plus de 50 salariés). Par ailleurs, les entreprises de plus de 10 000 salariés dans le monde (ou 5 000 en France) doivent inclure des représentants des salariés au sein du conseil d'administration.

En échange de la souplesse demandée aux salariés (annualisation du temps de travail donnant des marges d'adaptation à la charge de production), les employeurs pourraient limiter leur recours aux contrats dits « atypiques » (CDD, intérim), mais qui le sont malheureusement de moins en moins.

Si les entreprises s'investissent plus dans la formation, en leur sein comme à l'extérieur, les périodes de sous-charge prévisible et de chômage partiel pourraient être l'occasion d'organiser des formations qualifiantes au moment où la présence du salarié n'est pas nécessaire.

Investir dans l'innovation, la qualité et la productivité

Les entreprises de haute technologie en France investissent dans la recherche déjà autant que leurs homologues étrangères (*cf.* chapitre 3). Leur préoccupation est surtout d'obtenir un maximum de retour sur cet investissement, notamment en recourant à l'innovation ouverte permettant de profiter des compétences de nombreux partenaires, et d'étendre suffisamment leur marché mondial (au besoin grâce à des alliances) pour amortir le coût de cet effort de recherche (*cf.* graphique ci-contre).

Pour beaucoup d'entreprises des secteurs de basse ou moyenne technologie, l'innovation passe par l'incorporation d'équipements modernes (automatisation, robotique, systèmes d'information) et la capacité des salariés à bien les utiliser. Il existe également d'importants gisements au niveau des innovations organisationnelles et managériales, telles que les pratiques « *lean* » visant à éliminer les gaspillages de ressources, la maîtrise des procédés, la qualité de production et de service, le marketing stratégique, les pratiques de vente ou de gestion des relations avec les clients.

Le rapport Gallois rappelle (p. 11) que seulement 34 500 robots industriels, avec une moyenne d'âge élevée, sont en service en France, contre 62 000 en Italie et 150 000 en Allemagne.

Promouvoir un « capital patient »

Investir dans la montée en gamme se fait souvent au détriment de la rentabilité immédiate de l'entreprise. Une économie trop financiarisée, dans laquelle les actionnaires exigent un retour financier rapide, y semble moins encline – en dehors des secteurs de haute technologie à très haut rendement

Les multiples coopérations de l'entreprise innovante

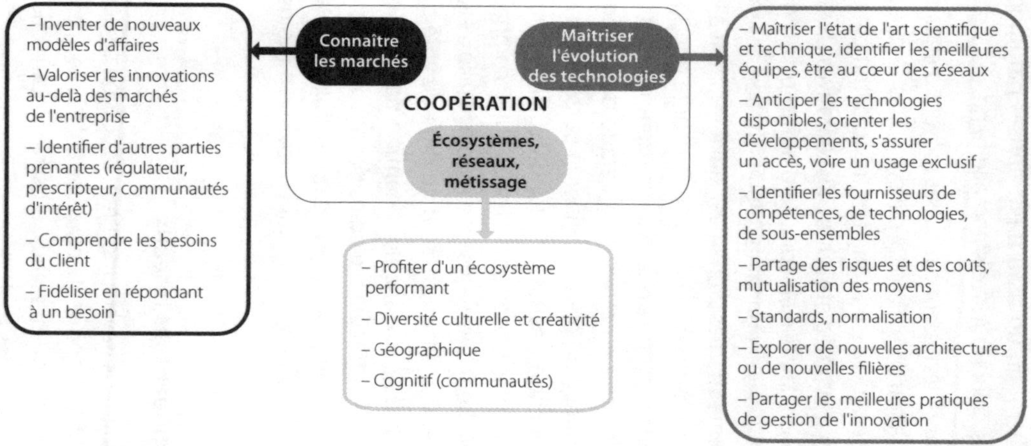

Ce graphique illustre les nombreuses coopérations qu'une entreprise peut nouer pour mieux connaître ses marchés, pour maîtriser et parfois orienter l'évolution des technologies, et pour bénéficier d'un écosystème riche en ressources.

potentiel – qu'un tissu d'entreprises patrimoniales comme celui du *Mittelstand* allemand.

Certains réfléchissent à d'autres moyens d'encourager la formation d'un « capital patient », c'est-à-dire prêt à créer de la richesse à long terme, au détriment d'une rentabilité immédiate. Outre les tentatives cherchant à favoriser la prise en compte d'autres points de vue que celui des actionnaires (représentation des salariés ou d'autres parties prenantes), qui reviennent à limiter les droits des propriétaires de la société que sont les actionnaires (on se référera par exemple aux travaux de recherche entrepris sous l'égide du Collège des Bernardins), on peut imaginer la possibilité d'accorder, par choix des associés fondateurs, des droits de décision plus importants à ceux qui accompagnent durablement l'entreprise. Le rapport Gallois évoque, par exemple, l'hypothèse d'un droit de vote double au bout de deux ans de détention des actions. Ce dispositif renforcerait le poids des actionnaires engagés sur le long terme par rapport aux spéculateurs et aux nouveaux venus qui connaissent moins bien l'entreprise.

Investir dans les réseaux

De nombreux travaux montrent l'occasion de développement que représente pour une entreprise une bonne insertion dans des réseaux, aussi bien locaux que mondiaux, parmi lesquels peuvent être particulièrement mentionnés les écosystèmes locaux, les filières et les réseaux cognitifs. Ces réseaux peuvent parfois se recouper et se recouvrir partiellement.

Tout d'abord, les écosystèmes locaux. Ils peuvent prendre différentes formes, comme le regroupement sur un même territoire d'entreprises d'un secteur particulier : les décolleteurs de la vallée de l'Arve, le textile dans le Choletais, les parfumeurs de Grasse, la métallurgie lourde autour du Creusot et de ses anciennes forges. La proximité géographique apporte certaines « externalités d'agglomération », comme la présence locale d'une main-d'œuvre qualifiée ou de fournisseurs bénéficiant d'un marché local intéressant, ou encore une diffusion facile des idées et des innovations. Elle n'implique pas toujours une collaboration active entre entreprises. Cette dernière, lorsqu'elle se développe, peut d'ailleurs être volontairement circonscrite. Par exemple, les parfumeurs de la région de Grasse, féroces concurrents jaloux de leurs secrets de fabrication, se sont entendus pour « mettre en commun ce qu'ils n'avaient pas », comme l'expertise permettant de se conformer aux normes européennes REACH sur l'utilisation des produits chimiques.

Tout en restant « chacune chez soi », les entreprises d'un même territoire visant le même marché peuvent partager des actions de prospective dont elles feront chacune l'usage qu'elles voudront. Les nombreuses entreprises du Choletais et de l'Anjou réunies au sein d'un « pôle enfant » ont ainsi commandité ensemble en 2007 une étude sur l'évolution des modes de vie et de consommation des enfants.

Elles peuvent aussi s'investir dans une gestion prévisionnelle territoriale de l'emploi et des compétences : les entreprises métallurgiques du sud de la Bourgogne se sont organisées en pôle de compétitivité en 2005 et ont pu peser ensemble auprès des institutions d'enseignement locales pour obtenir la création de filières de formation dans des lycées techniques, l'école des arts et métiers de Cluny et l'Université de Bourgogne.

Une deuxième forme de réseau pertinent peut être la filière, ou chaîne de valeur, impliquant des entreprises dispersées géographiquement, mais liées par des relations entre donneurs d'ordres et sous-traitants. La Conférence nationale de l'industrie a encouragé la mise en place de comités stratégiques de filières en 2012, avec l'espoir que les bonnes pratiques de certaines d'entre elles, comme l'aéronautique, soient transposées dans d'autres n'ayant pas les mêmes traditions de collaboration, comme l'automobile. Ainsi dans l'aéronautique, les membres du Groupement des industries françaises aéronautiques et spatiales (GIFAS), se concertent régulièrement pour partager leurs informations sur la conjoncture. Les donneurs d'ordre comme Airbus offrent une visibilité à leurs sous-traitants sur leur plan de charge et passent des commandes révisables permettant à chacun d'organiser sa capacité à répondre à la charge (ou à la sous-charge éventuelle) de travail. Dans certaines filières, les sous-traitants peuvent s'appuyer sur les réseaux de leurs donneurs d'ordre pour prospecter des clients étrangers.

Enfin, outre les réseaux de proximité et les filières, certains services de l'entreprise peuvent s'investir dans des réseaux « cognitifs » leur permettant de rester à la pointe de l'état de l'art. Il peut s'agir de savoir-faire disciplinaires, de technologies ou de métiers communs à plusieurs filières, comme la mécanique, de savoir-faire de modélisation et de simulation, de contrôle de production, de gestion économe des ressources énergétiques, de maîtrise du recyclage, d'accès à certains marchés, etc.

La capacité à travailler en réseau, peu encouragée dans le système d'éducation et de sélection français, peut conférer un atout important aux entreprises qui la développent.

S'investir dans le territoire

Une des caractéristiques enviables du système industriel allemand est la solidarité des organisations et de leur territoire. Celle-ci dépasse le cadre des relations entre les acteurs locaux d'une filière. Une entreprise du *Mittelstand* semble entretenir des rapports denses avec sa *Hausbank* (la banque « maison », souvent locale), mais aussi les collectivités territoriales ou les établissements locaux d'enseignement et de recherche. L'Allemagne a peu d'institutions d'enseignement fédérales puissantes. Chaque *Land* investit dans son ou ses universités. Les territoires sont parfois actionnaires des entreprises. Le *Land* de Basse-Saxe détient ainsi une part substantielle du capital et des droits de vote au conseil d'administration de Volkswagen et veille aux retombées locales des décisions stratégiques du groupe.

En France, certaines entreprises et leurs propriétaires s'investissent fortement dans le développement de leur territoire d'origine, comme Auchan et la famille Mulliez dans le Nord. Bien que cet investissement soit souvent désintéressé, il a des retombées très positives sur l'image de l'entreprise, sa capacité à attirer des talents, à négocier avec les collectivités et les institutions locales. Il arrive également que les entreprises s'engagent, avant même de s'implanter, pour trouver sur le territoire les compétences dont elles vont avoir besoin et, bien sûr, lorsqu'elles ferment un site pour faciliter la reconversion du personnel local. Entre ces deux types de relations obligées (l'arrivée et le départ), beaucoup d'entreprises développent des relations fortes avec les autres acteurs locaux et tirent de multiples bénéfices de ces actions de « jardinage du territoire ».

LNG Dunkerque : quand l'entreprise s'investit dans le développement des ressources humaines du territoire

« Lorsque LNG, filiale d'EDF, est chargée de construire le terminal méthanier de Dunkerque en 2007, l'entreprise se concerte avec les acteurs locaux pour préparer ce chantier qui mobilisera 600 à 1 200 personnes pendant quatre ans, dans une région qui se prépare à la fermeture programmée d'une raffinerie de Total. Dès 2008, Dunkerque LNG a signé une convention avec la Maison de l'emploi (MDE) /Entreprendre Ensemble et ses partenaires (Pôle emploi, la région) afin d'anticiper au mieux les recrutements et de permettre aux entreprises contractantes et sous-traitantes intervenant sur le chantier de disposer de la main-d'œuvre qualifiée et disponible *via* un guichet unique composé d'un binôme Pôle emploi/MDE directement installé sur le chantier. Un plan de formation d'un montant total de 3 millions d'euros, cofinancé par la Maison de l'emploi de Dunkerque, le Pôle emploi et le conseil régional, permettra de réaliser environ 235 000 heures de formation, essentiellement pour des demandeurs d'emploi du secteur du bâtiment et de l'industrie (calorifugeage, chaudronnerie, cryogénie, mécanique, soudage, tuyauterie). Ces programmes de formation ont été anticipés, compte tenu des délais de professionnalisation dans certains métiers, afin qu'ils coïncident avec les différentes phases du chantier.

Une fois ce volet mis en œuvre, LNG s'est également efforcé d'anticiper la fin du chantier afin de permettre au territoire de bénéficier de la main-d'œuvre qualifiée qui y aura travaillé. Avec ses partenaires institutionnels et les petites et moyennes industries du territoire, ainsi que le Groupement des entreprises de la métallurgie, la gestion des compétences « post-chantier » consistera à réaliser une cartographie des compétences des emplois du chantier, ainsi qu'un planning des disponibilités de ces compétences en fonction du calendrier du chantier. Cette cartographie sera ensuite croisée avec celle réalisée par les entreprises associées à la démarche dans le cadre de leur propre gestion prévisionnelle des emplois et des compétences (GPEC), afin d'identifier les passerelles possibles, les éventuels écarts par rapport aux compétences attendues par ces entreprises et les dispositifs permettant de les combler. »

(extrait de la note d'Olivier Mériaux pour La Fabrique de l'industrie sur l'implication des entreprises dans la gestion des compétences d'un territoire, 2013)

Une forme particulière d'investissement dans le territoire est l'effort des grands groupes pour favoriser le développement de leur filière au niveau national et régional, à travers les fonds d'investissement sectoriels (comme le fonds de modernisation des équipementiers de l'automobile ou son équivalent *Aerofund* pour l'aéronautique), des instituts de recherche technologique, des pôles de compétitivité, des chaires industrielles (financement récurrent d'équipes de recherche universitaires par une entreprise ou un groupe d'entreprises). Cet investissement passe aussi par d'autres types d'aides, comme l'accompagnement à l'export des PME sous-traitantes, ou l'accès à leurs plateformes techniques, à leurs centres de formation, voire à du conseil en management.

L'appui nécessaire des autres acteurs locaux

Les entreprises ne peuvent développer des relations fructueuses avec leurs partenaires locaux que si ces derniers les accueillent favorablement. Ce n'est pas encore toujours le cas en France. Les récentes Assises nationales de l'enseignement supérieur et de la recherche (novembre 2012) ont mis en évidence la réticence ressentie par certains universitaires à l'égard de la présence d'industriels dans le conseil d'administration de leur établissement, et surtout à leur participation au vote pour l'élection de leur président. Le développement d'applications industrielles ou l'ouverture aux problèmes des entreprises ne constitue pas toujours un élément positif pour la carrière d'un chercheur du secteur public.

Si l'implication des entreprises dans les cycles de formation est souhaitable, notamment dans l'enseignement professionnel et technique, les rectorats peuvent éprouver une certaine ambivalence vis-à-vis de ce qui peut leur apparaître comme une « ingérence ». Il en va de même avec les conseils régionaux et les organismes de formation des branches industrielles.

Enfin, le poids de l'histoire est tel qu'il est difficile de faire évoluer les relations entre les dirigeants d'entreprises et les syndicats de salariés, marquées par une grande méfiance réciproque. Alors que les syndicats suédois et allemands ont abandonné, respectivement depuis 1938 et 1959, la référence à la lutte des classes pour s'inscrire dans la perspective d'une économie sociale de marché, sans renoncer bien sûr à défendre fermement les intérêts de leurs adhérents, l'évolution de leurs homologues français est plus complexe et contrastée.

Malgré une situation de départ défavorable, il semble cependant que les évolutions aillent dans un sens positif, comme on l'a vu récemment lors de la négociation conclue en janvier 2013 sur la flexicurité. Mais pour accélérer cette évolution, un encouragement des pouvoirs publics est utile. C'est l'objet du prochain chapitre.

Chapitre 7

Comment les pouvoirs publics peuvent aider les industriels

La compétitivité de notre industrie relève d'abord des industriels eux-mêmes, mais les pouvoirs publics peuvent créer des conditions qui facilitent leur action. Tout d'abord, il faut garantir un environnement institutionnel stable et favorable, encourageant la construction de relations confiantes entre les parties prenantes et stimulant les collaborations. Ensuite, il faut mettre en place une fiscalité qui n'obère pas leur compétitivité et encourage des comportements vertueux d'investissement dans des procédés sûrs et durables. Enfin, des règles de commerce international équitables sont à définir.

D'abord, ne pas nuire

« *Primum, non nocere* », ce principe d'Hippocrate (médecin grec, 460-370 av. J.-C.) inspire la première mesure du rapport de Louis Gallois : « Toute nouvelle disposition législative ou réglementaire significative, toute nouvelle politique lancée par l'État devrait être accompagnée d'un document précisant son impact sur la compétitivité industrielle et les moyens d'en réduire les effets négatifs éventuels ». Nos codes nombreux et foisonnants fourmillent en effet de mesures préparées avec d'excellentes intentions, mais qui rendent difficile la vie des entreprises.

Pressé de justifier et de piloter son action, l'État souhaite en évaluer l'impact. Mais, de même que certains changements de fond dans l'entreprise peuvent prendre une décennie pour être mis en œuvre, alors même qu'ils constituent une priorité assumée des dirigeants et qu'ils sont pilotés avec rigueur (*cf.* chapitre 6, le récit de Didier Miraton sur la réorganisation de la R&D de Michelin), l'effet de certains dispositifs comme le crédit d'impôt recherche ou les pôles de compétitivité ne se développe qu'au bout de nombreuses années. Si les entreprises ont besoin de « capital patient » pour préparer l'avenir, elles ont aussi besoin de politiques publiques patientes.

L'instabilité vient parfois moins de la règle que de son interprétation par le juge ou le fonctionnaire chargé de veiller à son application. La longueur des procédures vient ajouter à l'incertitude. Ainsi, licencier ne coûte pas forcément moins cher au Royaume-Uni ou en Allemagne, mais la procédure étant mieux encadrée, l'entreprise peut en anticiper le coût. C'est pourquoi, en France, l'accord du 11 janvier 2013 a limité à deux ans la durée des recours après un licenciement et fixé un cadre au calcul des indemnités éventuellement dues.

Par ailleurs, l'État, gardien du long terme et de la capacité de délibération démocratique des citoyens, doit investir dans le système d'éducation et de diffusion de la culture scientifique, technique et industrielle. Nous avons évoqué l'immensité du défi : si l'on n'agit pas, nous manquerons en 2020 de plus de deux millions de personnes qualifiées et ne saurons pas quoi proposer à plus de deux millions de gens insuffisamment qualifiés. « Si vous trouvez que l'éducation coûte cher, essayez l'ignorance », suggérait déjà le président des États-Unis Abraham Lincoln (1809-1865). L'enjeu est de disposer de personnes capables, d'une part, de participer à une industrie suffisamment sophistiquée pour se différencier des commodités proposées par les pays à bas salaires, et d'autre part, de prendre part à des choix de société éclairés sur l'usage ou l'interdiction de certaines technologies et sur des modes de production responsables et soutenables dans la durée.

Enfin, l'État, membre du collectif supranational qu'est l'Union européenne, doit veiller à la cohérence de cette zone. Pour cela, il doit participer très activement aux processus de régulation et de réglementation communs, en promouvant des mesures favorables à un développement harmonieux de l'industrie européenne, puis ensuite transcrire rapidement les décisions collectives dans le droit national français, en encourageant les autres États membres à faire de même. Les transpositions sont aujourd'hui souvent tardives, ce qui présente le double inconvénient de connaître une longue période d'incohérence, puis de succomber à une tendance à « surtransposer » pour prendre en compte les exigences de l'opinion qui ont progressé depuis la dernière décision des parlementaires européens, imposant alors des contraintes plus lourdes aux entreprises françaises qu'à leurs voisines.

Un impôt efficace et accepté par les citoyens

Un des rôles principaux de l'État est d'assurer les services publics, comme celui de l'éducation déjà évoqué. Sauf à disposer d'une rente exceptionnelle, à l'instar de certains pays pétroliers dont les ressources appartiennent à l'État ou à ses dirigeants, il est donc nécessaire de lever l'impôt pour les financer. Les pays dont les institutions sont fragiles et où l'économie informelle (travail non déclaré et trafics divers) est importante tendent à imposer lourdement les entreprises, parce que leur contrôle est plus facile que celui des individus. *A contrario*, la Suède taxe peu les entreprises et beaucoup les revenus, les consommations et l'impact écologique des particuliers. Elle le peut grâce au civisme et au niveau d'éducation de sa population, mais aussi parce que l'impôt est bien accepté. Il l'est parce que la dépense publique est transparente, efficace et décidée au plus près des citoyens, grâce à une décentralisation très large.

Cette capacité à lever l'impôt efficacement sur les particuliers, dont on a découvert qu'elle pouvait être limitée dans certains pays comme la Grèce, est nécessaire si la France veut transférer sur la fiscalité le coût d'une protection sociale généreuse. Cette dernière est en effet financée, beaucoup plus que chez nos voisins, par un prélèvement sur les salaires. Ainsi, en 2011, les charges sur un salaire compris entre 2 200 et 3 000 euros s'élèvaient à 57,5 % en France contre 42 % en Allemagne (selon une note de mai 2011 de la direction générale du Trésor). Ceci rend le coût du travail élevé, alors que la lutte contre le chômage est un objectif prioritaire de tous les gouvernements.

Le crédit d'impôt pour la compétitivité et l'emploi aidera-t-il l'industrie ?

Adopté le 20 décembre 2012, le crédit d'impôt pour la compétitivité et l'emploi est proportionnel à la masse des salaires inférieurs à 2 500 euros versés par une entreprise. Il induira une diminution d'environ 6 % du coût du travail des salariés concernés. Comme son assiette prend en compte tous les salaires, il profitera à l'ensemble des entreprises et seulement environ 20 % de ce dispositif devraient aller vers l'industrie (et 20 % également vers les services à l'industrie). Certes, les règlements européens de la concurrence interdisent aux États de cibler explicitement l'industrie (ou tout secteur particulier). Aussi, afin de concentrer le redéploiement de charges au profit de l'industrie, où les salaires sont plus élevés que dans les services (*cf.* chapitre 3), le Commissaire général à l'investissement proposait d'étendre aux salaires s'élevant jusqu'à 3,5 SMIC les allégements de charges dont bénéficient déjà ceux inférieurs à 1,6 SMIC.

En réaction au rapport Gallois, le Gouvernement, qui voulait agir rapidement mais sans préjuger des conclusions des instances de concertation mises en place pour discuter du financement de la protection sociale, a introduit un nouveau crédit d'impôt aux entreprises.

Un soutien à la montée en gamme

Outre les allégements du coût du travail accordés à l'employeur sans réduction du revenu disponible pour le salarié, l'État peut envisager diverses mesures favorisant les investissements des entreprises dans la montée en gamme ou la mise en réseau des acteurs.

Au niveau individuel, il peut alléger la fiscalité des dividendes réinvestis et taxer les rachats d'actions. En effet, lorsqu'une entreprise rachète ses actions, elle augmente la part de son capital détenue par les actionnaires qui conservent leurs actions, donc leurs droits à de futurs dividendes. L'État peut aussi encourager certaines dépenses, par exemple grâce au crédit d'impôt recherche, ou orienter une part de l'épargne vers les entreprises ayant des difficultés à financer des projets de qualité.

Au niveau collectif, l'État peut soutenir la constitution des différents types de réseaux, dont l'intérêt a été présenté dans les chapitres précédents. Ainsi, la consolidation des filières peut être facilitée par un abondement des fonds d'investissement sectoriels. Ces fonds réunissent souvent des industriels d'une filière et la Caisse des dépôts et consignations par le biais d'un financement du programme pour les investissements d'avenir (aussi appelé « grand emprunt »). Même s'ils sont mis en œuvre au niveau local, l'État peut également soutenir et coordonner des dispositifs favorisant une mise en réseau plus territorialisée (évoquée dans la section suivante consacrée au soutien des territoires), comme les pôles de compétitivité, les instituts de recherche technologique – qui, mis en place dans le cadre du grand emprunt, rassemblent sur un même « campus d'innovation » des compétences de l'industrie et de la recherche publique –, les instituts Carnot. Ces derniers sont des centres de recherche publics reconnus à la fois pour leur très haut niveau scientifique, leur professionnalisme et leur engagement à développer une recherche de qualité, et qui bénéficient d'un abondement public proportionnel au montant de leurs contrats de recherche avec les entreprises. D'une manière générale, l'État peut encourager une meilleure collaboration entre les acteurs. Ainsi, le crédit d'impôt recherche d'une entreprise est doublé pour les recherches qu'elle confie à un organisme public.

L'investissement des territoires dans l'émergence et le développement des *clusters*

Au-delà des compétences que leur ont transférées les lois de décentralisation, les collectivités territoriales, notamment les régions et les grandes communautés urbaines, ont pris conscience de l'importance de leur rôle dans le soutien au développement de l'industrie et des conséquences dramatiques de la désindustrialisation pour leur territoire. D'autres collectifs locaux (chambres de commerce et d'industrie, associations d'employeurs) se sont également investis pour renforcer l'attractivité de leur région, tandis que certaines entreprises découvraient un rapport à leur lieu d'implantation et à ses ressources moins contingent, et apprenaient à « jardiner » leur territoire (*cf.* chapitre 6, l'exemple d'Airbus dans le domaine de la formation).

Les territoires se sont notamment fortement engagés dans la politique des pôles de compétitivité.

En outre, certaines régions ont créé d'autres types de *clusters* de moindre ambition (pôles régionaux, grappes d'entreprises...), ou ont investi dans des équipements collectifs permettant d'attirer l'industrie. L'existence à Grenoble d'un établissement scolaire international (collège et lycée) dispensant une partie de son enseignement en anglais a, par exemple, joué un rôle majeur dans l'implantation en 2002 des centres de recherche de Philips et de Motorola près de STMicroelectronics sur le campus industriel de Crolles.

Clusters et pôles de compétitivité

Certaines fabrications prospèrent sur des territoires où s'agglomèrent des entreprises concurrentes ou complémentaires d'une même filière. Ce phénomène a été observé dans les quartiers d'artisans de l'Europe médiévale ou de villes d'Afrique du Nord, dans des districts industriels comme celui des couteliers de Sheffield en Angleterre dès la fin du XIXe siècle, dans divers « districts » spécialisés dans un produit donné (textile, chaussure, mécanique) en Italie du Nord ou pour l'industrie du cinéma à Hollywood et, bien sûr, depuis les années 1970, en Californie avec la Silicon Valley, « Mecque » de l'informatique puis des sociétés exploitant les possibilités ouvertes par internet ou les biotechnologies. En France, des systèmes locaux de production ont émergé plus ou moins spontanément dès le XIXe siècle (décolleteurs de l'Arve, couteliers de Thiers, industrie textile puis vente par correspondance à Roubaix…) ou ont pu être renforcés par un investissement public (l'industrie électrique puis électronique à Grenoble, l'aérospatial à Toulouse).

Ce constat a poussé certains territoires à promouvoir ce type de *cluster*, parfois avec succès (zone de Hsinchu à Taiwan, Israël), souvent avec des résultats moins convaincants. En France, l'État impulse depuis 2004 la politique des pôles de compétitivité : il encourage la constitution de *clusters* réunissant des entreprises de toute taille et des établissements de recherche ou d'enseignement, en subventionnant des projets

de recherche impliquant plusieurs acteurs du pôle. Ainsi le pôle Aerospace Valley réunit les entreprises et centres de recherche liés à l'industrie aérospatiale des régions Midi-Pyrénées et Aquitaine.
Cette politique a fait l'objet de nombreuses évaluations, parfois critiques. Ses effets immédiats sont parfois difficiles à discerner, notamment quand le pôle ne s'appuie pas sur une tradition historique de collaboration bien établie. Il faut, en effet, du temps pour que des acteurs qui ne travaillaient pas ensemble se découvrent, identifient des sujets sur lesquels ils souhaitent coopérer, surmontent toutes les difficultés de la mise en place d'une collaboration efficace, s'engagent dans un projet conjoint, exploitent les résultats de celui-ci puis mettent sur le marché avec succès l'innovation ainsi développée. Les résultats sont parfois indirects, liés au développement et au potentiel des nouveaux réseaux créés au-delà des projets initiaux, à l'accroissement du capital social du territoire et de ses habitants.

Les compétences transférées aux régions dans le domaine de l'enseignement leur permettent de jouer un rôle majeur, surtout lorsqu'elles travaillent en bonne intelligence avec les entreprises, les branches professionnelles et les rectorats, pour construire un système de formation professionnelle sans lequel les entreprises ne pourront ni évoluer vers des fabrications sophistiquées, maîtrisées et innovantes, ni se maintenir durablement dans la compétition mondiale.

Évitons l'Europe des Curiaces

Dans l'automobile, la désindustrialisation de la France ne s'explique pas – pas encore – par la concurrence chinoise et indienne, mais par celle des pays d'Europe du Sud, suivie de celle des pays de l'Est et d'une Allemagne efficacement adossée à son *hinterland* d'Europe centrale.

Le problème de fond de l'Union européenne réside dans la convergence réelle de pays qui ne peuvent plus jouer sur les dévaluations monétaires pour compenser leurs compétitivités divergentes. La tentation des gouvernements est donc double. Soit – cas de la Grèce –, ils repoussent par l'endettement des problèmes de perte de compétitivité relative avec les autres États européens (qui, dans les États-nations comme les États-Unis, se règlent ultimement par de grandes migrations). Soit – exemple de l'Allemagne depuis les lois Hartz (*cf.* chapitre 5) –, ils choisissent de mener une offensive en abaissant le coût relatif d'un facteur (le coût du travail, des charges sociales et de la fiscalité) pour améliorer leur compétitivité, certes dans le cas de l'Allemagne à l'égard des Américains et des Chinois, mais aussi de ses partenaires européens avec lesquels s'effectue le gros de ses échanges. L'Allemagne dégage ainsi des excédents commerciaux et accumule une épargne qu'elle reprête aux pays qui s'endettent.

L'Europe a besoin d'une harmonisation régionale des spirales de concurrence autour du coût d'un facteur. Elle a besoin également d'une politique industrielle stratégique capable de veiller à une présence suffisante et à une bonne répartition de l'industrie sur l'ensemble de son territoire. Pour cela, il est nécessaire de fixer une ambition européenne dans ce domaine, par exemple une industrie à 20 % du PIB, comme en 2000, contre 16 % aujourd'hui. Il faut ensuite discuter avec les entreprises présentes sur le sol européen – et celles qui sont désireuses d'y investir, comme les firmes émergentes – des mesures incitatives et des règles à négocier avec les territoires concurrents, qui leur permettraient d'atteindre cet objectif.

Dans une pièce de Corneille, le survivant de la fratrie Horace, ne pouvant triompher seul face aux trois frères Curiace réunis, ruse en feignant de s'enfuir, pour les affronter séparément, et les vainc l'un après l'autre malgré leur supériorité numérique. L'Europe est dans la situation des frères Curiace, qui pourrait triompher si elle était unie, mais qui se laisse diviser et ne pèse pas dans les négociations.

Une politique de la concurrence plus économique et moins juridique doit être développée en Europe, car le traité de Rome, signé en 1957, ne reflète plus l'état du monde actuel et ne nous permet pas de mener une politique de compétitivité. Aujourd'hui, en effet, les décisions de la Commission européenne (CE) ne peuvent être contestées que devant la Cour de justice de l'Union européenne. Le rapport Gallois propose une expertise économique publique indépendante pour chaque décision de la CE, et éventuellement une procédure d'appel devant le Conseil des ministres européen.

En bref, l'Europe a besoin d'élaborer de nouvelles règles du jeu internes, ainsi qu'un consensus sur les règles du jeu mondial qu'elle entend promouvoir. Il faut absolument éviter l'Europe des Curiaces.

Bannir le protectionnisme classique national

Abondamment évoqué au cours de la campagne pour l'élection présidentielle de 2012, le protectionnisme est certes un démon français à maîtriser, encore faut-il le réfuter par de bons arguments. De ce point de vue, il faut saluer l'action de quelques activistes politiques et intellectuels – autour de Jacques Sapir, Jean-Luc Gréau et Emmanuel Todd, notamment –, qui avec force argumentations et en s'appuyant sur de nombreux sondages, a permis d'imposer un vrai débat et de briser le tabou interdisant de parler de ce sujet. Par exemple, la création de taxes aux frontières pour des raisons écologiques et sociales ne serait-elle pas justifiée ?

Des taxes écologiques, portant sur les produits dont la fabrication a engendré plus de gaz à effet de serre que les normes européennes ne l'autorisent, sont parfaitement justifiables économiquement : rien ne sert de lutter contre l'effet de serre ici si les industries polluantes sont admises ailleurs. Une bonne idée serait de reverser ces taxes à un fonds mondial qui financerait les réductions d'émissions de gaz à effet de serre et l'adaptation au réchauffement climatique dans les pays pauvres (idée défendue dès 1996 par P.-N. Giraud, dans *L'inégalité du monde*). Mais là n'est pas le débat. L'Europe ne peut combattre seule ce changement climatique. Les pays émergents sont convaincus qu'eux aussi doivent agir et ils ont commencé à le faire. Ces taxes ne peuvent donc qu'être un argument de négociation, un « plan B » des Européens dans la négociation climatique, et plus généralement, environnementale et sanitaire globale.

Les taxes « sociales », quant à elles, soulèvent de nombreuses questions. Comment évaluer le niveau de normes sociales « acceptables » dans un pays émergent ? Il existe certes des normes minimales édictées par le Bureau international du travail à Genève. Elles interdisent le travail des enfants, par exemple. Mais elles sont respectées, et bien au-delà, dans les usines des firmes globales, y compris celles des pays émergents, et les sous-traitants, ne serait-ce que parce que ces firmes travaillent sous le regard d'organisations non gouvernementales (ONG) très vigilantes. C'est ce qu'a mis en évidence, en 2012, la polémique contre Apple et ses sous-traitants chinois et, plus anciennement, une attaque en règle contre Nike et ses sous-traitants en Asie du Sud. Mais comment juger, par exemple, de la liberté politique laissée aux organisations ouvrières et à la société civile ? À nos yeux, elle n'est jamais assez grande, évidemment. Mais la démocratie ne s'importe pas, comme l'ont montré les tentatives désastreuses du gouvernement américain depuis des décennies. C'est aux citoyens de ces pays de régler cette question avec leurs dirigeants. Débattons-en avec eux par tous les canaux possibles, en ayant d'abord pris soin de balayer devant notre porte, mais c'est eux et eux seuls qui en décideront.

Enfin, comme l'a montré l'exemple de l'iPhone (*cf.* chapitre1), taxer un tel produit parce qu'il est exporté fini depuis la Chine, et qu'on juge inadmissibles les conditions de travail dans l'usine où il est assemblé, serait absurde, puisque la valeur ajoutée de l'appareil a moins été réalisée en Chine qu'en Corée du Sud, au Japon, en Allemagne ou… aux États-Unis.

Le protectionnisme classique par taxation aux frontières est périmé, sauf cas très particuliers. Il faut être plus intelligent. Inspirons-nous de nos concurrents asiatiques pour promouvoir un « protectionnisme stratégique négocié ».

Renégocier les règles du jeu mondial

La disparition de l'industrie dans un pays aujourd'hui encore riche l'entraînerait sur la voie du déclin technologique, à l'exclusion de quelques pôles d'exception au développement enraciné dans l'histoire nationale qu'il parviendrait à conserver. De plus, cette disparition aggraverait encore fortement les inégalités entre une petite élite de « nomades » hyper-compétitifs et une importante masse de « sédentaires » devenus les « clients » (au sens romain du terme) des premiers. Les pays émergents n'ont aucun intérêt à ces évolutions. Leur intérêt, bien compris par eux-mêmes, est plutôt que nous restions des territoires prospères et innovants et que nous soutenions ensemble l'émergence durable de l'Afrique : voilà les vrais défis.

Le jeu mondial actuel dans l'industrie est un « jeu non coopératif », selon l'expression des théoriciens des jeux. Il nous éloigne de l'organisation optimum et constitue donc un grave « défaut de marché », comme disent les économistes. Une solution coopérative serait meilleure à long terme pour tous. Une négociation pour la définir et l'appliquer est indispensable.

Ce défaut de coopération internationale se retrouve dans d'autres domaines : impasse climatique, lutte pour les ressources rares, « externalités négatives » comme la réduction de la biodiversité ou l'épuisement des ressources, migrations. Les négociations existantes doivent donc être accélérées, l'industrie doit y être intégrée. Et il faut favoriser les échanges entre négociations pour favoriser les compromis : « je cède sur ceci, si tu cèdes sur cela ».

Pour cela, de nouvelles « métriques », c'est-à-dire de nouvelles mesures, permettant à chaque nation d'expliciter ses intérêts sont nécessaires : comptabilités des échanges en valeur ajoutée, des emplois en nomades/sédentaires, des externalités environnementales, comptabilité en stock de capital naturel, social et humain, afin d'en mesurer les dégradations aujourd'hui cachées par l'usage presqu'unique de la mesure « PIB ».

Nous avons aussi besoin, en Europe, d'un changement de paradigme économique sur le rôle de l'État. Inspirons-nous donc des nations asiatiques ! L'État doit être « stratège » et non se contenter de protéger les plus vulnérables par le moyen de transferts sociaux et fiscaux.

Mais, dans ces indispensables négociations, comment décourager les attitudes opportunistes et augmenter le coût des comportements non coopératifs ou de la violation des accords ? Il faut un « plan B », européen, nécessairement. Les Européens doivent convenir d'une stratégie. Tâche difficile, et cependant très urgente : nous n'avons plus de temps à perdre.

Que négocier avec les grands pays émergents et leurs industriels ?

Un développement mondial plus équilibré de l'industrie est-il possible ? Existe-t-il des règles du jeu de la compétition industrielle mondiale globalement plus favorables à tous et acceptables par chacun ? Oui, une autre approche peut être imaginée.

Après trente ans de globalisation, la répartition mondiale des emplois industriels, sous l'effet de marchés imparfaits et d'interventions étatiques puissantes, est en effet très insatisfaisante. Ils ne sont dramatiquement pas assez nombreux en Afrique, plus assez nombreux en Europe et aux États-Unis, et ils sont trop extravertis, c'est-à-dire tournés vers les exportations, dans les pays émergents. Cependant, deux types d'accords, objectivement « gagnants » pour tous, pourraient parvenir à rééquilibrer cette répartition. C'est une piste certes encore un peu théorique, mais qui mérite d'être explorée.

D'une part, on peut rechercher des accords entre les gouvernements européens et ceux des grands pays émergents (les États-Unis et autres membres du G20 sont bien sûrs invités), portant sur une modification des règles du jeu international, pour atteindre des objectifs stratégiques qui seraient désormais les suivants :

1) les grands pays émergents – la Chine en premier lieu, mais ensuite l'Inde et le Brésil – se recentrent rapidement sur leurs marchés intérieurs, y compris en laissant s'évaluer leurs monnaies, pour donner naissance à une véritable classe moyenne, dont on sait que le développement est essentiel à la stabilité d'un pays ;

2) leurs firmes délocalisent massivement les industries de main-d'œuvre non qualifiée exportatrices en Afrique et en Asie du Sud pour initier l'industrialisation et le rattrapage économique de ces pays. L'Europe doit donc rester ouverte aux importations africaines de biens à valeur ajoutée et les pays riches d'Asie, aux importations en provenance d'Asie du Sud ;

3) l'Europe (et l'Amérique si elle le souhaite) se réindustrialise.

D'autre part, des accords entre les gouvernements européens et les entreprises globales sur une politique industrielle à long terme sont nécessaires. Ils doivent permettre une réduction des déséquilibres européens avec comme objectif la réindustrialisation du continent.

La coordination des politiques économiques et monétaires, de change en particulier, et l'orientation des décisions des firmes globales grâce à de fortes incitations économiques, peuvent en théorie permettre d'atteindre le rééquilibrage – et la progression soutenue – des emplois industriels dans le monde, bien plus efficacement que des taxes au sens strict et ancien du terme.

Cependant, même si des accords sont préférables à la guerre commerciale, il convient, comme dans toute négociation, d'avoir un « plan B » qui puisse constituer une menace crédible. L'un de nous a proposé le suivant (*cf.* P.-N. Giraud, « Libre échange ou juste échange ? », *Alternatives économiques*, mars 2012).

Plan B proposé à l'Europe

Plutôt que d'établir des taxes aux frontières, imposées au nom d'un « dumping social » impossible à quantifier, étudier très sérieusement une option de totale réciprocité avec les grands pays émergents, qui ont de fait achevé leur rattrapage technologique. Par exemple, traiter les firmes globales, y compris celles d'origine chinoise ou indienne, comme le fait la Chine : bienvenue en Europe aux biens et services quelles que soient les entreprises qui les produisent, mais à condition qu'ils soient en partie fabriqués sur le territoire européen. Imposer donc un « contenu local pour accéder au marché local », variable selon les biens, comme le font les Chinois. Bienvenue naturellement aux investissements directs des entreprises chinoises, indiennes, brésiliennes, etc., mais aussi dans les domaines technologiques et de recherche, et pas seulement dans le vin de Bourgogne. Enfin, en un mot, parfaite « réciprocité » dans l'ouverture et le contrôle des marchés intérieurs, y compris les marchés publics, par un État « stratège » et non plus keynésien.

Que de riches perspectives de fertilisation croisées offrirait alors la globalisation !

Conclusion

Le déclin de l'industrie en France depuis trente ans est avéré. Il n'est ni singulier, ni inéluctable. Mais les mesures nécessaires doivent être prises rapidement. Quelles que soient les divergences sur les priorités et la répartition finale des gains espérés, le redressement passe par la construction d'une vision et d'une ambition partagée pour l'industrie.

Un déclin qui n'est ni singulier, ni inéluctable

L'industrie disparaît en France depuis trente ans, mais les États-Unis et le Royaume-Uni ont connu des trajectoires semblables. Aux États-Unis, certains croyaient que les besoins de dollars liés au développement du commerce international leur permettraient de s'endetter indéfiniment. D'autres imaginaient peut-être, au Royaume-Uni, que les services financiers assureraient l'équilibre de la balance commerciale. Ces deux pays réagissent aujourd'hui vigoureusement, après avoir sous-estimé les dangers de la désindustrialisation.

Les succès de l'Europe du Nord, et particulièrement de la Suède et, dans une moindre mesure, de l'Allemagne, nous montrent que le déclin n'est pas inéluctable.

Mais il nous faut pour cela agir à trois niveaux : international, européen et national.

Créer les conditions d'un échange équitable

Il faut lutter contre les éléments de concurrence déloyale.

Au niveau international, la plupart des distorsions de concurrence viennent des échanges avec les pays émergents. Or, les textes de l'Organisation mondiale du commerce (OMC) n'empêchent pas de négocier une certaine réciprocité.

Les pays émergents ne sont plus aujourd'hui des pays « en développement », mais des puissances industrielles et scientifiques qui ont commencé à faire jeu égal avec les « vieux » pays riches. Cependant, leurs marchés ne sont pas totalement ouverts, leurs appels d'offres privilégient les entreprises autochtones, les investissements étrangers ne sont pas autorisés dans de nombreux domaines, le respect du droit de la concurrence et de la propriété industrielle est entravé, des transferts de technologie ou des contenus locaux sont exigés, certaines de leurs industries sont protégées ou subventionnées.

Dans ces conditions, il est non seulement légitime, mais également dans l'intérêt de tous à long terme, que nous exigions, nous aussi, un contenu local. Vendez-nous vos produits s'ils sont meilleurs que les nôtres et vos entreprises plus dynamiques, mais fabriquez-les – au moins en partie – sur notre territoire. Investissez chez nous autant que vous voulez, à condition que cela crée des emplois et s'accompagne d'un transfert de vos technologies.

Par ailleurs, l'empreinte environnementale et sociale ne doit pas être évaluée par rapport à ce que nous produisons, mais par rapport à ce que nous consommons. Ce mode de calcul éviterait de se donner bonne conscience en réduisant nos émissions locales de gaz à effet de serre au prix d'émissions plus importantes dans les pays qui produisent ce que nous consommons. Une pression constructive s'exercerait aussi sur nos fournisseurs, s'ils doivent payer des taxes liées aux effets environnementaux ou aux conditions sociales de leurs productions, afin qu'ils améliorent leurs performances. Ces taxes seront nécessaires pour nous permettre d'atteindre les objectifs auxquels nous nous serons engagés, par exemple dans le domaine de la réduction des émissions de gaz à effet de serre, ou de la garantie de certains droits sociaux. Bien entendu, pour ne pas être intrusives ou contraires aux accords de libre-échange, il peut s'agir d'une exemption totale ou partielle d'une taxe locale perçue sur tous les produits consommés (même produits en France), sauf si la preuve est apportée qu'ils sont produits conformément à des normes exigeantes.

Il est donc indispensable d'ouvrir avec les pays émergents un débat sur les moyens d'aboutir à une meilleure répartition de l'industrie dans le monde, y compris en Afrique, où Chinois et Indiens ont commencé à investir dans l'industrie manufacturière, et à un progrès général vers une industrie responsable et durable.

Une politique industrielle européenne

Tout ceci ne pourra être obtenu qu'en s'appuyant sur un consensus au sein de l'Union européenne.

Commençons par éliminer les distorsions de concurrence et la course au moins-disant en Europe même, comme le *dumping* fiscal irlandais ou l'accès à une main-d'œuvre sous-payée en Allemagne, la plupart du temps d'origine étrangère. Il est par exemple difficilement compréhensible que l'Europe – c'est-à-dire ses contribuables – ait volé au secours de l'Irlande en faillite sans exiger la fin de cette situation, soit directement, soit en imposant à l'État irlandais des conditions de remboursement l'obligeant à augmenter substantiellement ses impôts.

Mais plus généralement, le développement harmonieux de l'industrie en Europe est un enjeu collectif crucial, qui appelle réflexion, prospective et décision au niveau européen. C'est ce que prônent notamment la Fondation Robert Schuman ou Louis Gallois (dans son article de la revue *Commentaire* de l'été 2010). Une politique industrielle stratégique européenne, comme en ont la Chine et les États-Unis, est nécessaire.

Mais tout en promouvant ce sujet au niveau européen, il nous faut agir vite, et redévelopper en France une industrie compétitive. Cela passe par une série de mesures déjà évoquées mais qu'il convient de rappeler ou de compléter en conclusion. Agissons en Europe et dans les négociations internationales, mais balayons sans attendre devant notre porte. Si nous voulons construire une Europe équilibrée, afin que le continent et sa monnaie n'implosent pas, et si nous voulons y conserver un certain poids, nous devons d'abord être plus compétitifs.

Faire que les Français connaissent et aiment l'industrie

Si les Français ne s'intéressent pas plus à leur industrie, c'est d'abord parce que beaucoup ne la connaissent tout simplement pas. C'est d'ailleurs une des raisons qui ont motivé la rédaction de ce livre que de leur faire mieux connaître les enjeux de l'industrie. Visites d'usine, stages en entreprises, tourisme industriel peuvent être considérablement développés. Ces initiatives stimuleraient d'ailleurs les réflexions des industriels pour améliorer ce qui peut l'être. Être visible pousse à être beau, se cacher quand les autres se montrent volontiers est suspect.

Au-delà des efforts des industriels pour accueillir le public, et de la propension de ce dernier ou de celle des enseignants et de leurs classes à profiter de cet accueil, toutes les actions de promotion et de diffusion de la culture scientifique, technique et industrielle ne peuvent que rapprocher le grand public et l'industrie. Les initiatives peuvent prendre des formes variées, comme cette conférence de citoyens, organisée en 2012 par le groupe Fives pour son bicentenaire, sur les conditions d'implantation d'une usine à proximité de chez soi.

Relancer le dialogue social

Longtemps les syndicats, ouvriers ou patronaux, ont préféré se voir imposer les règles du jeu par l'État pour mettre en valeur leur intransigeance vis-à-vis de leurs adhérents, tout en protestant contre cette mise sous tutelle du dialogue social. Plus de soixante-dix ans après l'*aggiornamento* suédois de Saltsjöbaden ou cinquante ans après celui des Allemands à Bad Godesberg, il semble que les syndicats français envisagent un dialogue plus adulte, comme paraît le montrer la récente négociation sur la sécurisation de l'emploi (accord du 11 janvier 2013).

Un dialogue efficace suppose plus de transparence et de responsabilité. Si des représentants des personnels siègent dans les conseils d'administration, ils participeront aux décisions stratégiques de l'entreprise, feront mieux prendre en compte les intérêts des salariés mais devront aussi respecter le devoir de confidentialité des initiés. L'expérience de plusieurs pays européens dans ce domaine est encourageante.

Une fiscalité favorable à l'industrie

Quand un facteur de production est sous-utilisé, il est logique de vouloir en réduire le coût. Tant qu'on est loin du plein emploi, le financement de la protection sociale ne doit pas trop peser sur le travail, afin que le coût de celui-ci pour l'employeur ne soit pas beaucoup plus élevé que ce que reçoit l'employé. Par ailleurs, le capital est un facteur de production mobile. Pour en attirer assez pour financer les projets des entreprises, il est préférable ne pas trop le taxer.

Ceci n'empêche pas, si le consensus politique accepte une large redistribution, de se donner les moyens de celle-ci, en taxant, comme en Suède, les revenus individuels, la consommation, les nuisances écologiques (si possible par une taxe assise sur les pollutions engendrées par la production des produits achetés).

Certains pensent que l'État peut jouer sur la fiscalité pour mieux orienter l'épargne vers l'industrie. Dans ce domaine, plutôt que d'imaginer de nouvelles niches fiscales, une remise en cause radicale des nombreuses niches clientélistes existantes, dont un rapport récent de l'Inspection générale des Finances a pointé le manque d'efficacité, devrait contribuer à alléger les taux d'imposition des entreprises industrielles et de ceux qui y investissent.

Un effort de formation, initiale et tout au long de la vie

Nous avons souligné à plusieurs reprises que la montée en gamme nécessaire à la compétitivité de l'industrie s'appuyait sur un effort général de formation. Formation de la main-d'œuvre, pour qu'elle soit plus qualifiée et qu'elle puisse exécuter des tâches plus complexes de manière autonome (contrôle de premier niveau, première maintenance et réglage, initiatives pour améliorer l'organisation du travail et les processus). Formation des dirigeants et de l'encadrement, à la fois pour pouvoir tirer parti d'une main-d'œuvre plus qualifiée, pour lui offrir des occasions d'accroître sa qualification et des opportunités de promotion et d'enrichissement du travail, mais aussi pour mettre en place une organisation plus efficace, favoriser les innovations, développer l'exportation.

Au sein des entreprises, l'effort de formation et l'accueil d'apprentis sont encore trop limités, la volonté de recourir à la promotion interne trop rare. Au niveau des formations de cadres et de dirigeants, le travail en équipe n'est pas encore très développé dans les filières d'enseignement. Les carrières au sein des entreprises françaises accordent un poids excessif au diplôme initial, créant une stimulation trop faible pour ceux qui en détiennent un bon et le découragement des autres.

L'accompagnement des pouvoirs publics

L'État, sans chercher à se substituer aux autres agents économiques, peut mettre en place un certain nombre de conditions favorables à la création d'industries. Outre la fiscalité et la formation, déjà évoquées, il peut se doter de moyens de prospective permettant d'anticiper et de faciliter de nécessaires mutations, d'évaluer l'impact du cadre réglementaire actuel ou envisagé sur l'industrie.

Il peut ainsi garantir la prévisibilité et la stabilité réglementaire et fiscale dont les investisseurs ont besoin pour évaluer la rentabilité de leurs projets. Il peut lutter contre les freins à la croissance, identifiés notamment dans le rapport Attali en 2008. Il peut enfin encourager les investissements produisant des bénéfices collectifs que l'entreprise ne peut s'approprier. C'est le cas, par exemple, de l'investissement dans la recherche, qui produira des connaissances disponibles plus importantes que ce que l'entreprise qui les finance pourra protéger et utiliser, ou de l'investissement dans la construction de compétences qui profiteront à tous les partenaires. C'est le sens de l'implication de l'État et des régions dans le développement de relations entre les acteurs d'un territoire (par exemple dans les pôles de compétitivité), des filières ou de réseaux d'expertise thématique (par exemple quand l'État double le crédit d'impôt recherche lorsqu'une entreprise confie des travaux à un laboratoire public).

Un diagnostic, une vision et une ambition partagés

La plupart des obstacles que rencontre le développement de l'industrie en France relèvent d'un manque de dialogue et de confiance entre les acteurs (*cf.* chapitre 3).

La confiance ne se décrète pas, elle se construit dans la durée, grâce à un dialogue permettant de comprendre les aspirations et les craintes de chacun et de définir une trajectoire permettant à tous de progresser. C'est sur de telles bases que l'on peut renouer le dialogue social, réfléchir à une fiscalité plus efficace et plus juste, réformer le système de retraite, de formation, d'assurance contre le chômage, les garanties accordées aux producteurs et aux consommateurs, la gestion des services publics.

Les pays qui réussissent aujourd'hui, comme l'Allemagne ou la Suède, ont élaboré des dispositifs qui ne seraient peut-être pas adaptés à notre situation. Mais ils ont su établir un diagnostic de leurs forces et de leurs faiblesses, engager une concertation avec toutes les parties prenantes pour valider et affiner ce diagnostic, envisager des évolutions possibles, négocier les conditions auxquelles celles-ci conduiraient à un futur meilleur pour tous plutôt que l'inaction, aboutir à un consensus entre les représentants des parties prenantes et des principaux partis politiques, puis engager les réformes nécessaires, tout en en surveillant leurs effets et en les adaptant au besoin.

Cela n'empêche pas chacun d'avoir ses priorités, chaque formation politique de proposer des modalités de mise en œuvre ou d'accompagnement spécifiques, chaque partie prenante de veiller à ses intérêts. Le débat peut rester vif, mais un accord même limité et conditionnel permet de sortir d'un immobilisme dommageable pour tous.

Bibliographie et sitothèque

- **Yann Algan, Pierre Cahuc,**
  La société de défiance : comment le modèle social français s'autodétruit, Paris, Éditions Rue d'Ulm, 2007.
- **Patrick Artus, Marie-Paule Virard,**
  La France sans ses usines, Paris, Fayard, 2011.
- **Jean-Louis Beffa,**
  La France doit choisir, Paris, Seuil, 2012.
- **Émilie Bourdu,**
  Comment la Suède a préservé son industrie, Note de La Fabrique de l'industrie, Paris, Presses des Mines, 2013.
- **Marie-Laure Cahier et Thierry Weil,**
  L'industrie est une aventure, Paris, Autrement, 2011.
- **Gabriel Colletis,**
  L'urgence industrielle, Lormont (33), Éditions Le Bord de l'eau, 2012.
- **« Comment sauver l'industrie ? »,**
  Alternatives économiques, hors série n° 93, mai 2012.
- **Louis Gallois,**
  Pacte pour la compétitivité de l'industrie française, Rapport au Premier ministre, Paris, La Documentation française, 5 novembre 2012 (téléchargeable sur ladocumentationfrancaise.fr, rubrique « Rapports publics »).
- **Pierre-Noël Giraud,**
  La mondialisation. Émergences et fragmentations, Paris, Éditions Sciences humaines, 2e édition, 2012.

- **Pierre-Noël Giraud,**
  L'inégalité du monde, économie du monde contemporain, Paris, Gallimard, 1996 (nouvelle édition en cours).
- **Jacqueline Hénard,**
  L'Allemagne, un modèle, mais pour qui ?, Note de La Fabrique de l'industrie, Paris, Presses des Mines, 2012.
- **Site de la Direction générale de la compétitivité de l'industrie et des services,**
  www.dgcis.redressement-productif.gouv.fr
- **Site de La Fabrique de l'industrie,**
  www.la-fabrique.fr
- **Site de l'Usine nouvelle,**
  www.usinenouvelle.com

Collection Doc' en poche

SÉRIE « ENTREZ DANS L'ACTU »

1. Parlons nucléaire en 30 questions
de Paul Reuss

2. Parlons impôts en 30 questions (2e édition mars 2013)
de Jean-Marie Monnier

3. Parlons immigration en 30 questions
de François Héran

4. France 2012, les données clés du débat présidentiel
des rédacteurs de la Documentation française

5. Le président de la République en 30 questions
d'Isabelle Flahault et Philippe Tronquoy

6. Parlons sécurité en 30 questions
d'Éric Heilmann

7. Parlons mondialisation en 30 questions
d'Eddy Fougier

8. Parlons école en 30 questions
de Georges Felouzis

9. L'Assemblée nationale en 30 questions
de Bernard Accoyer

10. Parlons Europe en 30 questions
de David Siritzky

13. Parlons dette en 30 questions
de Jean-Marie Monnier

14. Parlons jeunesse en 30 questions
d'Olivier Galland

21. Parlons justice en 30 questions
d'Agnès Martinel et Romain Victor
À paraître en octobre 2013

22. France 2014, les données clés
À paraître en octobre 2013

SÉRIE « PLACE AU DÉBAT »

11. Retraites : quelle nouvelle réforme ?
d'Antoine Rémond

12. La France, bonne élève du développement durable?
de Robin Degron

15. L'industrie française décroche-t-elle?
de Pierre-Noël Giraud et Thierry Weil

16. Tous en classes moyennes?
de Serge Bosc

23. Crise ou changement de modèle?
d'Élie Cohen
À paraître en octobre 2013

24. Quelle(s) famille(s) pour demain?
À paraître en octobre 2013

SÉRIE « REGARD D'EXPERT »

17. Le vote populiste en Europe
de Laurent Bouvet
À paraître en mars 2014

18. Les politiques éducatives en France
d'Antoine Prost et Marie-Thérèse Frank
À paraître en octobre 2013

19. La face cachée de Harvard
de Stéphanie Grousset-Charrière
À paraître en octobre 2013

20. La criminalité en France
À paraître en octobre 2013

Imprimerie de la Direction de l'information légale et administrative
N° 663130020-000213 – Dépôt légal : février 2013

IMPRIM'VERT®